돈,
잘 쓰고 잘 모으고 잘 불리는 법

돈,
잘쓰고잘모으고
잘불리는법

· 권도형 지음 ·

한스컨텐츠

행복한 부자로 이끌어주는 참신한 전략

금융환경이 크게 변하고 있다. 돈에 대한 자신만의 철학과 특별한 시스템 없이는 인생의 다양한 목표를 달성할 수 없는 시대가 되었다. 저금리 기조, 고령화와 그로 인한 인구구조의 변화 등으로 개인이 자산을 관리하고 불리기가 앞으로 점점 더 어려워질 것이라는 전망이 많이 나오고 있다. 라이프사이클에 대한 조망 없이, 은퇴 이후의 삶을 단순히 퇴직연금이나 국민연금에 의존하기에는 녹록치 않은 상황임에 틀림없다.

방금 '녹록치 않은 상황이고 앞으로 점점 더 어려워질 것'이라고 표현했지만, 사람들이 이런저런 전망에 고개를 끄덕이면서도 실제로 사태를 실감하거나 이에 대비해 실행에 나서지는 못하는 것 같아 안타까울 때가 많다. 자산관리의 최일선에 있는 나와 동료들이 피부로 느끼는 환경변화는 매우 '문제적'이기 때문이다.

따라서 지금은 재무설계가 그 어느 때보다 중요한 시점이다. 또한 같은 맥락에서, 변화된 환경에 맞춰 재무설계에 관해 쉽고 현실적으로 풀어낸 서적이 요구되는 시점이다.

　나는 솔직히 이 책을 읽고 신선한 충격을 받았다. 사람의 성향에 따른 재무설계가 중요하다는 점을 평소 잘 알고 있었으면서도, 그것을 체계화하겠다는 생각에는 이르지 못했기 때문이다. 그런데 사람의 성향과 재무설계에 대한 깊은 이해와 통찰을 바탕으로 이렇게 맞춤형 책을 엮어낸 것을 보고, 저자의 탁월한 식견에 놀라지 않을 수 없었다. 이 책을 읽으면, 재무설계와 자산관리 시스템에 대해 쉽게 이해할 뿐 아니라 훌륭한 지혜도 얻을 수 있을 것이라 확신한다. 부디 이 책을 통해 보다 많은 사람들이 행복한 부자가 되기를 바란다.

_ 곽근호(에이플러스에셋 대표이사)

쉽게 따라갈 수 있는 부의 나침반

재무설계란 단어는 일반인들에게 더 이상 낯선 말이 아니다. 펀드 전문 웹 사이트인 '펀드닥터'만 하더라도, 투자상담 코너를 보면 '재무목표' '재무설계'란 단어가 심심찮게 등장한다. 가까운 서점에서도 관련 서적들을 적지 않게 볼 수 있다.

하지만 막상 재무설계가 무엇인지에 대해 요약해서 전달하기란 쉽지 않다. 재정상담 전문가인 재무설계사(FP, Financial Planner)조차 재무설계에 대해 알기 쉽게 전달하려면 특별한 기술이 필요한 것처럼 느껴질 정도니까 말이다.

따라서 그처럼 딱딱하고 어려운 내용들을 누구나 손쉽게 이해하고 따라할 수 있도록 풀어놓았다는 데 이 책의 장점이 있다. 저자는 수많은 '실전' 경험을 바탕으로, 독자가 특별한 준비나 고민 없이 스스로 자신의 자산부채현황표를 작성하고 현재 상태를 진단할 수 있는 역량을 키울 수 있도록 도와준다. 나아가 소모적 지출 · 저축 · 투자를 어떻게 조정해야 생산적이면서 재무목표에 한걸음 더 다가갈 수 있는지 보여주고 직접 실행할 수 있도록 안내하고 있다.

 그동안 재무설계를 하고 싶어도 어떻게 해야 할 줄을 몰라서, 혹은 너무 어려워서 포기하고 있었던 사람들이라면, 꼭 읽어볼 것을 권한다. 이 책은 주어진 하루하루를 소극적으로 살아가기보다는, 인생 전체를 바라보고 아름다운 삶의 계획을 세우고자 하는 사람들, 더 나은 미래를 적극적으로 준비하려는 사람들에게 확실한 나침반이 되어줄 것이다. 또한 고객들에게 보다 알기 쉽게 재무상담을 해주고자 하는 재무설계사(FP)들에게도 유익한 참고서가 되어줄 것으로 믿는다.

_ 최상길(㈜제로인 전무)

나를 위한 특별한 재무전략

먼 길을 떠나는 자는 신발 끈부터 고쳐 매야 한다는 말이 있다. 인생이라는 먼 길을 떠나는 사람 역시 준비해야 할 것이 많다. 그중에서도 가장 중요한 것 중의 하나가 돈이 아닐까. 누구나 돈의 중요성을 강조하고 이른바 재테크를 위해 맹목적이라 할 만큼 달려들지만, 정작 자신의 업(業)을 등한시한 채 잘못된 재테크에 매달리느라 아까운 자산과 시간을 허비하는 모습을 너무나 많이 보았다. 이것이 필자가 이 책을 쓰기로 결심한 이유다.

우리는 지금 기대수명 80세 시대에 살고 있다. 하지만 좋아할 수만은 없는 것이 그와 반비례하게 실질적인 은퇴 연령은 점점 앞당겨지고 있기 때문이다. 게다가 천정부지로 치솟는 사교육비, 고용불안과 물가 불안, 세계적 경제위기의 주기적 엄습, 흔들리는 부동산 불패 신화 등으로 미래에 대한 걱정과 불안이 커지고 있다. 돈을 모으고 불리는 데 대한 관심이 증폭될 수밖에 없는 상황인 것이다.

하지만 이 책에는 일확천금을 얻는 법 같은 내용은 없다. 인생에 '한 방'이 없는 것처럼 돈을 모으고 불리는 데도 '한 방'은 없다. 불나방이나 다름없이 재테크란 불구덩이에 달려들다 '한 방'에 훅 가거나 '그 후로도 오랫동안' 불행하게 살지 않으려면, 재테크라는 근시안적인 유혹을 뿌리치고 긴 호흡으로 인생을 설계하듯 자산관리와 재무전략 역시 긴 안목으로 설계해야 한다.

돈을 잘 모으고 잘 불리려면 재무설계가 필수다. 우리의 인생에는 재무 이벤트가 많이 있다. 결혼, 주택마련, 자녀교육, 은퇴 등 인생의 굵직한 재무 이벤트에 따라 재무목표를 설정해야 하며, 이를 달성하기 위해 라이프사이클을 그리고 단기·중기·장기적으로 전략을 짜야 한다. 이 책은 독자들 스스로 이러한 재무설계 프로세스를 구축하여 돈을 올바르게 관리하고 활용하는 법을 익힐 수 있도록 했다.

사람은 저마다 성격과 성향이 다르다. 재테크나 재무설계 역시 각자의 성향에 맞출 때 효과를 극대화할 수 있다. 아무리 좋은 방법도 자신에게 맞지 않으면 효과가 반감되기 때문이다. 이 책은 돈과 관련한 사람의 성향을 지출형, 저축형, 투자형으로 나누고 각 성향별로 생산적인 면은 최대화하고 소모적인 면은 최소화함으로써 자산증대를 극대화하도록 이끌어줄 것이다.

돈을 잘 모으고 잘 불리는 것만큼 돈을 잘 쓰는 것도 중요하다. 자신이 '지출형'이 아니더라도 마찬가지다. 이 책에서 필자는 돈을 쓰는 것 중에서 자기계발을 위한 지출같이 소득증대를 위한 지출을 생산적 지출이란 이름으로 강조하고 있다. 재무설계와 인생설계에서 가장 핵

심적인 요소 중 하나가 직업이며, 직업을 통해 소득원을 증대시키는 것만큼 긴요한 것은 없기 때문이다.

필자는 지금까지 수많은 재무상담을 통해 고객들에게 소모적 지출·저축·투자를 줄이고 생산적 지출·저축·투자를 늘리도록 자문해왔다. 재무상담 이후, 비단 자산증대 때문만이 아니라 자신의 직업과 삶에 충실하게 되었다며 고마움을 표하는 고객들이 많았다. 독자 여러분 역시 그렇게 될 수 있기를 바란다. 적어도 이 책에서 제시한 세 가지 스타일별 생산적인 길만을 따라간다면, 허황된 유혹과 욕망에 휘둘려 손해보지 않고 능동적이면서도 안정감 있게 자신의 미래를 빛낼 수 있을 것이라고 믿는다.

이 책이 나오기까지 고마운 사람들이 너무 많다. 재무설계의 선두에서 앞서 이끌어주고 계시는 에이플러스에셋의 곽근호 대표님과 김경신 대표님, 기꺼이 일과 인생의 스승이 되어주신 박경용 전무님께 감사드린다.

책의 완성도를 높일 수 있게 노력해주신 김연철 CFP, 아낌없는 조언으로 책의 내용을 풍부하게 만들어주신 장우 CFP, 홍종록 CFP, 장준수 CFP, 이성준 팀장, 그리고 바쁜 와중에도 자신의 일처럼 도와준 김민아 팀장에게 고마움을 전한다. 또한 집필과정에서 큰 도움을 준 김동훈 씨에게 감사드린다.

필자가 이 책을 쓸 수 있었던 원천은 사랑하는 가족이다. 필자를 위해 언제나 기도해주신 아버지 그리고 인생의 멘토이신 어머니의 사랑과 지지가 없었더라면 오늘의 필자는 없었을 것이다. 깊은 감사를 드린다. 한결같은 사랑과 따뜻한 격려를 아끼지 않은 아내 최서경, 언제나 기쁨과 웃음을 주는 아들 권예람은 필자가 이 책을 쓸 수 있었던 든든한 배경이자 필자가 살아가는 이유다. 대위로 복무하고 있는 친구 같은 동생 권선영에게도 고마움을 전한다. 마지막으로, 생명을 주신 하나님께 감사드린다.

2010년 9월

권도형

CONTENTS

나의 재무 스타일 분석 테스트

본문에 들어가기에 앞서, 자기 자신의 성향을 알아볼 필요가 있다. 나의 성향을 알면, 돈을 모으고 불리는 데 보다 효과적인 설계가 가능하기 때문이다. 나의 성향은 무엇일까. 지출형일까, 투자형일까, 저축형일까. 아래 문항들을 읽어보고 자신에게 해당되는 항목을 모두 체크해보자.

☐ 01. 적금 금리와 예금 금리의 차이점을 알고 있다.

☐ 02. CMA통장을 활용하는 법을 알고 있다.

☐ 03. 전년도 물가상승률을 알고 있다.

☐ 04. 주거래은행을 활용하고 있다.

☐ 05. 인터넷 쇼핑을 즐겨 이용하며 쇼핑하기 전 가격비교를 해본다.

☐ 06. 복리와 단리의 차이점을 알고 있다.

☐ 07. 주위에서 짠돌이라는 이야기를 들어본 적이 있다.

☐ 08. 내 지갑에 정확히 얼마가 들어 있는지 알고 있다.

☐ 09. 사고 싶은 물건을 6개월 이상 저축해서 구입한 경험이 있다.

☐ 10. 신용카드보다는 주로 체크카드를 쓴다.

☐ 11. 지금까지의 평균주가수익률을 알고 있다.

☐ 12. 주식 직접투자를 하고 있다.

☐ 13. 3년 이상 장기투자를 해본 경험이 있다.

☐ 14. 주식투자나 펀드투자를 위해 관련 서적을 5권 이상 읽어본 경험이 있다.

☐ 15. 경제신문을 구독하고 있으며 열심히 읽는 편이다.

☐ 16. 성장가능성이 높은 유망 투자종목 5개를 추천할 수 있다.

□ 17. 주식투자의 기술적 분석을 할 수 있다.

□ 18. 사람들 앞에서 세계경제의 변화를 주제로 1시간 이상 이야기할 수 있다.

□ 19. 주식투자를 복권과 같은 도박이라고 생각하지 않는다.

□ 20. 인덱스펀드에 대해 알고 있다.

□ 21. 인생을 한 판의 게임이라고 생각하며 모험을 즐긴다.

□ 22. 전문 자격증을 2개 이상 가지고 있다.

□ 23. 한 분야에 대해 책을 한 권 낼 수 있을 정도로 남들이 인정하는 탁월한 분야가 있다.

□ 24. 수입의 25% 이상을 자기계발에 투자한다.

□ 25. 외국어 공부를 1년 이상 지속하고 있거나, 남들이 부러워할 정도로 능통한 외국어가 있다.

□ 26. 한 달에 최소 4권 이상의 책을 읽는다.

□ 27. 현재 직업 외에 또 다른 직업에 대한 준비를 하고 있다.

□ 28. 지금 다니는 직장을 그만두더라도 평균 이상의 삶을 유지할 방도가 있다.

□ 29. 70세 이상까지 일할 자신이 있다.

□ 30. 재테크를 주제로 한 온라인 커뮤니티에서 활동 중이다.

분석

편의상 문항 01~10을 A, 문항 11~20을 B, 문항 21~30을 C라고 하자. 우선 10문항씩인 각 그룹마다 체크한 문항수를 센다. 세 그룹 중 체크 횟수가 가장 많은 그룹이 나의 스타일이다. A그룹에 체크한 횟수가 가장 많다면 저축형, B그룹에 체크한 횟수가 가장 많다면 투자형, C그룹에 체크한 횟수가 가장 많다면 지출형이다. 저축형, 투자형, 지출형은 스타일의 차이를 말할 뿐 어느 성향이 더 우월하거나 열등하다는 의미는 아니다.

전반적으로는 체크 횟수가 많은 것이 좋다. 각 스타일당 평균 7문항 이상을 체크했다면, 경제 지식과 역량을 갖춘 사람으로 봐도 무방하다. 탄탄한 기반을 갖추고 있어 재무설계를 제대로 한다면 재무목표를 달성할 가능성이 충분한 사람이다. 평균 4~6문항을 체크했다면, 경제 지식은 양호한 편이지만 좀 더 노력이 필요한 사람이다. 소모적 지출·투자·저축을 하고 있을 가능성이 크기 때문에 분발해야 한다. 3문항 이하를 체크했다면, 기본기가 전혀 없는 사람이다. 심각한 상태로, 하루라도 빨리 제대로 된 재무설계가 필요하다.

　자, 이제 돈을 잘 쓰고 잘 모으고 잘 불리는 법을 본격적으로 알아보도록 하자. 여기서 파악한 자신의 성향과 현재 수준을 염두에 두고 본문을 읽어나가길 바란다.

CHAPTER

01

세 친구 이야기

01
돈 걱정 없이
살아봤으면

필자는 사람들이 돈을 잘 쓰고 잘 모으고 잘 불릴 수 있도록 재정적 문제를 진단하고, 대안을 찾고, 구체적인 실행을 돕는 일을 직업으로 삼고 있다. 그래서 '돈 문제'를 가지고 있는 많은 사람들을 만난다. 그 때마다 이 시대를 살아가는 사람들 거의 대부분이 '돈 걱정'을 하고 있다는 것을 새삼 느끼게 된다. 물론 형편이 어려운 사람들이 돈 걱정이 심하겠지만 부자라고 해서 돈 걱정에서 완전히 벗어난 것 같지는 않다. 가난한 사람들이 현재의 돈과 벌어들여야 할 돈에 대해 고민한다면, 부유한 사람들은 지켜야 할 돈과 미래의 돈에 대해서 걱정하고 있는 형편이다.

사실, 돈이란 삶을 위해 필요한 하나의 도구가 아닌가. 그런데도 우리는 돈을 위해 삶을 희생하고 돈에 끌려다니는 삶을 살곤 한다. 목적과 수단의 역전이 일어나는 것이다. 재무설계가 돈에 끌려다니는 한심한 행동이라고 냉소적으로 말하는 분들도 있다. 필자는 오히려 그 반대라고 말하고 싶다. 돈에 대해 제대로 알고, 계획하고, 운용함으로써 돈의 노예가 아닌 돈의 주인이 되기 위해서 재무설계가 꼭 필요한 것이다.

돈 걱정 없이 살아봤으면 좋겠다고 말하는 사람들이 많다. 필자는 감히 그 해결책을 찾기 위해서 책을 쓰는 무모한 도전을 시작했다. 그래서 돈 걱정에 빠진 세 사람의 이야기로 이 책을 시작할까 한다. 이 세 사람은 모두 필자의 친구들인데, 주변에서 흔히 볼 수 있는 대표적 유형의 인물들이다. 한 명은 소비 성향이 지나치게 강하고, 또 한 명은 열심히 저축하지만 '영양가'가 없고, 나머지 한 명은 투자에 몰입하는 특징을 가졌다.

필자는 재무설계 상담을 하면서 이런 분들을 수도 없이 접한다. 이 세 친구의 이야기를 통해 우리의 돈 걱정이 어떻게 시작되고, 무엇 때문에 커지는지 알 수 있을 것이다. 그리고 대략의 해결책을 짐작할 수 있게 될 것이다.

우리 모두는 각자 피땀 흘려 벌어들인 소중한 돈을 지출하고, 저축하고, 투자한다. 그런데 이 지출과 저축과 투자의 과정에서 지혜롭지도 않고, 열심히 하지도 않는 것 같다. 그래서 큰 씀씀이로 호인(好人) 소리를 듣는 사람이 진정한 친구가 없다거나, 알뜰하게 모았는데 정작 목돈은 구경조차 못한다거나, 장밋빛 미래를 향해 과감히 베팅했지만 빈털터리가 되는 암울한 결말을 맞기도 한다. 선량하고 성실하며 유능하고 좋은 인품을 갖춘 훌륭한 사람들이 돈을 잘못 운용해서 낭패를 겪는 이러한 일은 슬프고 안타깝긴 하지만, 너무 흔해서 진부한 느낌까지 들 정도이다. 그렇다고 이들에게 지출을 줄이고, 저축의 수익성과 투자의 안정성을 높이면 된다는 식의 단순한 결론을 제시하기에는 세상사가 너무도 복잡하다.

세 친구의 이야기는 바로 우리 자신이 지금 처한 상황일 수 있다. 무엇이 문제이고 무엇을 해결해야 하는지를 세 친구가 처한 구체적인 상황 속에서 풀어나가면서, 잘 쓰고 잘 모으고 잘 불리는 방법의 기본을 탐색해 보자.

02

돈 잘 쓰는 법 배우기

김지출 씨 이야기

 필자의 고등학교 동기인 김지출(가명)은 유능한 경영 컨설턴트이다. 대학과 대학원에서 산업공학을 공부한 후에 대기업 프로젝트 매니저를 거쳐 외국계 컨설팅 회사의 파트너로 일하고 있다. 그는 뿌린 만큼 거둔다는 확신이 있었다. 그래서 자기 자신에 대한 투자와 인맥관리에 아낌없이 돈을 쏟아 부었다.

 회사 행사에서 우연히 그 친구를 만나 함께 차를 한 잔 마셨는데, 그때 그는 이렇게 말했다.

 "이미지는 생명이야. 사람들에게 전문적이면서 고급스러운 인상을 주는 게 중요해. 잘 차려 입는 게 관건이지. 명품 슈트만 걸친다고 끝나는 게 아냐. 셔츠, 구두, 가방, 시계는 물론이고 넥타이와 벨트, 심지어 넥타이핀까지 제대로 완성해야 돼."

"음식의 맛과 가격은 비례하는 거야. 최고급 레스토랑에서 식사하면 대접하는 사람이나 대접받는 사람들의 격이 함께 올라가는 건 당연한 일이지. 선물도 마찬가지야. 마음 가는 곳에 돈이 따라가지. 정성은 가격으로 표현되는 거야. 받는 사람이 제대로 대우받는다는 느낌이 들게 해야지, 어중간한 건 하지 않느니만 못해."

"나는 늘 바빠. 가족과 함께할 시간이 없어. 모처럼 아이와 놀아줄 때 쪼잔한 모습을 보일 수는 없잖아. 그래서 특급 호텔을 이용하지. 얼마나 쾌적하고 편리한지 몰라. 아이도 좋아하고."

자신의 이미지를 위해, 고객을 위해, 가족을 위해 최선의 투자를 한다는 그의 이야기는 일면 타당해 보였지만, 듣는 내내 필자는 찜찜한 느낌을 지울 수 없었다. 그 느낌은 그의 재정상태를 점검하면서 더욱 심해졌다. 30대 중반인 그의 월수입은 700만 원을 약간 넘었다. 같은 연령대의 평균소득에 비하면 상당히 높은 수준이었다. 그런데 소비 수준이 문제였다. 가계생활비를 뺀 그의 용돈은 500만 원이 훨씬 넘었다. 개인 부채 수준도 높았다. 현금서비스나 마이너스 대출 등을 한도를 다 채워 쓰고 있었다. 저축 등의 재정관리가 제대로 되고 있을 리 만무했다. 그는 재정상태의 개선이 필요하다는 필자의 조언을 대수롭지 않게 받아넘겼다.

"쓰는 이상으로 돌아오게 돼 있어. 시간이 문제지. 그게 프로의 길이야."

그렇게 그와 헤어진 지 6개월 정도가 지난 후의 일이다. 그로부터 한 통의 전화가 걸려왔다. 갑자기 아이가 입원을 했는데, 수술을 위해 당장 2,000만 원 정도가 급하게 필요하다는 내용이었다. 그러고는 이내 돈을 구했으니 걱정하지 말라는 전화가 왔다. 돈을 마련했다니 다행이지만, 연봉 8,000만 원이 넘는 고소득자가 2,000만 원의 가족 치료비를 마련하지 못해 우왕좌왕하다니, 걱정스러운 마음이 가시지 않았다.

다시 6개월이 더 지나고 그 친구가 필자의 사무실로 찾아왔다. 정식으로 자신의 재무설계를 의뢰한 것이다.

"전에 구했다는 치료비 있잖아. 그거 대부업체에서 빌린 거야. 친구한테 체면 상하는 것보다 그게 낫겠다 싶었지. 그런데 이자가 장난 아니더라. 그 일 겪으면서 많이 느꼈어. 은행이니 뭐니 이미 다 빌려 써서 더 이상은 대출을 안 해줘. 차도 리스고, 집도 한도만큼 대출이 잡혀있고…. 돈 나올 구석이 없는 거야. 미칠 노릇이지. 거기다, 내가 평소에 잘해줬고 그래서 믿고 있던 사람들도 돈 이야기 나오니까 단칼에 거절하더라. 호기롭게 돈 썼는데 아무 영양가가 없는 거야. 정작 필요할 땐 쓰지 못하니. 요즘 세상에 애 보험 하나 안 들어놓은 인간이 바로 나야…."

그는 깊은 후회의 한숨을 내쉬며 말했다.

"이제, 10원 한 장 안 쓰고, 짠돌이로 살 거야. 재무설계 프로그램 좀 잘 짜줘."

"아니, 그것도 위험해."

갑작스럽게 태도가 돌변한 그를 향해 필자는 손을 내저었다.

"너의 소비습관은 오래된 거야. 갑자기 뿌리를 뽑기는 너무 힘들지. 처음부터 극단적인 시도를 하면 이내 포기하고 말거야. 담배 끊었다가 실패하면 흡연량이 더 늘어나듯 너도 악순환에 빠질 수도 있어"

"그럼, 계속 이렇게 살란 말이야?"

그가 따지듯 물었다.

"아니, 그건 아니야. 지출의 스타일을 근본적으로 바꿔야지. 쓰는 만큼 돌아온다는 네 생각은 일리가 있어. 그리고 가족과 고객을 위해 돈을 쓰는 이타적 마음도 어찌 보면 선량한 거야. 넌 한마디로 지출의 요령이 부족했어. 네가 개인이 아니라 회사라고 생각해 봐. 필수 경비를 쓰지 않고 사업을 운영할 수 있겠어? 쓸 돈은 써야지. 그렇지만 모든 지출의 생산성을 따져 보는 자세가 필요해. 생산성이 없는 지출은 줄이거나 없애고, 생산성이 높은 지출은 더 강화해야지. 그러면서 네 스타일에 맞게 지출의 즐거움을 누리면 돼."

필자는 경영 컨설턴트라는 그의 직업에 맞게 회사가 비용을 쓰듯이 개인 지출을 할 것을 주문했다. 우선 최근 3개월분의 카드 명세서를 바탕으로 지출 내역을 뽑았고, 이것을 생산적 지출과 소모적 지출로 구분하여 기록해 나갔다. 그 작업을 하는 동안 그의 얼굴이 심하게 붉어졌지만, 그리 오래지 않아 명쾌하게 생산적 지출과 소모적 지출을 구분할 수 있었다.

"그래 내가 그동안 마구잡이로 지출하고 살았군. 내 딴에는 가치 있게 쓴다고 생각했는데. 이런 단순한 작업으로도 경제생활 실태가 여실히 드러나는데, 그동안 뭘 했는지 참 부끄럽네. 회사가 경비를 쓰듯 지출하라는 이야기가 마음에 와 닿는다. 이 표를 보니 내가 본질적인 부분에는 돈을 쓰지 않았다는 생각이 드네. 예를 들면 사무실 인테리어를 자주 바꾸는 회사처럼 고급 패션으로 치장을 했지만, 회사가 생명 같이 생각하는 연구개발 활동에 해당하는 책을 읽는다든가 강좌에 참여한다든가 하는 일에는 인색했다는 생각이 드네."

그는 마치 자신에게 컨설팅을 하듯 지출현황표를 분석했다. 그러고는 스스로 지출의 원칙을 마련했다.

"음 그러니까,

우량기업이 경비를 지출하듯!

생산성을 고려해서!

본질적인 부분에!

예산을 검토하며 계획적으로!

그러면서 지출의 효과를 즐겁게 누려라!"

"이 친구, 완전 도사네. 잘못하면 내 일자리 뺏기겠는데."

필자의 농담과 함께 우리는 한바탕 유쾌하게 웃었고 함께 세부적인 재무설계 플랜을 짜나갔다.

03

돈 잘 모으는 법 배우기

이저축 씨 이야기

대학 동기인 이저축(가명)은 졸업 후에도 계속 연락을 하면서 지내는 친구다. 그는 매우 보수적이고 성실하며 알뜰한 성격의 소유자다. 이 친구한테 밥 한 끼 얻어먹는 게 꿈이라고 말하는 후배가 있을 정도로 지인들 사이에선 짠돌이로 유명하다.

그는 안정을 추구한다. 정년이 보장되는 안정적인 직장이 최고라는 것이 이 친구의 지론이다. 그래서 오랫동안 공무원 시험을 준비했지만 결국 실패했다. 그 이후 급여는 낮지만 정년이 보장된 공공기관에 말단 기능직으로 취업했다. 자신의 꿈이나 성향, 전공과는 아무런 관련이 없는 선택이었기 때문에 주변의 만류가 심했지만, 워낙 심지가 굳은 사람이라 꿈쩍도 하지 않고 자신이 정한 바를 밀어붙였다.

한번은 이 친구가 자신의 재무설계를 위해 필자의 사무실을 찾은 적이 있다. 그의 재무상태를 살펴보았는데, 적잖은 현금을 보유하고 있었지만, 지나치게 수익성이 낮게 구성되어 있었고 보험 역시 저축성 상품에만 가입하고 있었다. 필자는 이 친구의 보수적인 성향을 고려해서 채권과 우량주가 80%, 성장주가 20% 정도로 포함되는 안정형 금융상품을 소개하면서, 저축과 투자 포트폴리오를 제시했는데, 이것을 본 이 친구의 반응은 놀라울 정도였다.

"그러니까 원금손실 가능성이 있다는 이야기잖아?"

"그래 그럴 수 있어. 하지만 투자액 상당 부분이 안정적이기 때문에, 일부분은 다소 리스크를 안고서라도 수익성을 기대하는 곳에 투자하는 것이 합리적이야."

"나는 만에 하나라도 원금손실 가능성이 있다면 투자하지 않겠어."

이 친구의 입장은 단호했다. 그는 예금자보호법으로 원금 전액을 보장받는 은행 예금상품만 고집했다.

"리스크를 완전히 없애겠다는 네 입장을 충분히 이해해. 한편으로는 바람직한 태도이기도 하고. 그렇지만 리스크와 함께 저축의 목적, 기간, 수익성, 세금혜택 등 여러 측면을 함께 고려해서 포트폴리오를 구성하는 게 좋아."

이러한 필자의 충고는 전혀 먹혀들지 않았다. 그는 마음의 문을 꽉 닫고 있는 듯했다.

"펀드니, 주식이니 하는 게 결국은 투기 아냐? 그러다가 힘들게 모은 돈을 날릴 수 있는 거잖아. 나는 절대 그러지 않겠어."

"허, 이 녀석 하고는…. 보험만 해도 마찬가지야. 보험도 일정 정도는 미래의 일어날 수 있는 일에 대비하는 비용이라고 생각해야 돼. 원금보장 성격이 강한 저축성보험 위주로만 가입하면 문제가 되지. 보장기능은 약하고, 이율은 거의 없는 거나 마찬가지니까 저축의 효과도 없어. 네가 가입한 보험 일부는 조정해서 보장 기능을 강화하는 게 좋아. 그러니까…."

이 친구는 날카롭게 필자의 말을 끊었다.

"그러니까 네 말은 아무 일이 일어나지 않으면 납입금 전체를 날리는 그런 보험이 좋다는 거잖아."

"보장성보험은 불안을 줄이고 편안함을 사는 일종의 비용이라고 생각하면 돼. 자동차보험이나 건강보험처럼 말이야. 그리고 그 밖에…."

"여하튼 난 싫어. 네가 재무설계를 한다고 해서 뭐 대단한 게 있나 하고 와 봤더니, 결국 별다른 건 없구나."

그 친구는 냉소적인 미소를 띠며 자리를 일어섰다.

그때의 짧고 어색한 만남을 가진 후 1년여가 지났을 무렵, 그 친구로부터 다시 연락을 받고, 자리를 갖게 되었다. 필자가 약속 장소에 도착했을 때 그는 이미 많이 취해 있었다.

"도형아 너도 내가 한심하다고 생각하나?"

"너 무슨 일 있구나. 마시지도 않던 술을 다 마시고…."

걱정스러운 생각에 필자가 물었다.

"나 같은 겁쟁이한테 무슨 일이 생길 수나 있겠냐. 넌 내가 얼마나 고생하면서 돈을 모으고 있는지 알거야. 그런데 말이야. 너무 억울해. 같은 직장, 같은 일로 쳇바퀴 도는 생활도 지겹고…. 어영부영 사치하면서 나보다 대충 사는 놈들도 다 잘 나가더라. 그리고 재테크니 뭐니 해서 돈도 챙기고…. 난 이렇게 가시고기처럼 내 몸과 영혼을 뜯어가 면서 열심히 일하고 저축했는데, 그렇지 않은 주변의 인간들이 더 부 자가 되는 게 현실이야. 우리 마누라가 나보고 갑갑하대. 숨도 못 쉬겠 대. 내가 정말 갑갑하니?"

필자는 그 친구의 넋두리를 들으며 결국 올 것이 왔다는 생각을 하 게 되었다. 예전에 재무설계를 위해 만났을 때, 언젠가는 그가 상대적 박탈감에 휩싸이게 될 것이라는 예감이 들었기 때문이다.

"취했구나. 오늘은 길게 이야기하지 말자. 한 가지는 확실해. 넌 잘 해왔고, 앞으로도 잘할 거야. 지금의 생활에 약간의 지혜만 더하면 더 할 나위 없지. 그 이야긴 내일 하자"

필자는 그 친구를 부축해서 택시에 태워 보냈다. 그리고 다음날 그 친구의 직장 근처에서 만나, 본격적으로 재무설계에 관한 이야기를 풀 어나갔다.

"너의 근검과 저축 성향은 존경스러울 만큼 좋은 거라고 생각해. 위 험에 철저히 대비하는 자세도 훌륭해. 문제는 그 장점 속에 단점이 도 사리고 있다는 거야. 알뜰한 건 좋지만, 자신의 미래를 위해 쓸 줄도 알아야지. 그건 일종의 투자니까. 저축도 마찬가지야. 돈을 모으기 위 해 극단적으로 삶을 희생하기만 한다면, 지치고 힘들지. 네가 가지고 있는 저금리의 예금상품들은 물가상승률을 생각하면 오히려 마이너 스를 내고 있는 셈이야. 지금이라도 인생의 단계별 목표, 저축기간, 돈 이 필요한 시점 등을 고려하고, 금융기관, 네 보수적인 성향 등을 고려해서 예금, 적금, 펀드, 보험 등을 완전히 재편성할 필요가 있어. 내 말 이해하겠니?"

"그래, 나도 생각 많이 했어. 저축이 최고인 줄 알았는데…. 저축이 소모적일 수도 있다니."

"더 위험한 건, 저수익 저축을 유지하다가, 주변에서 큰 투자성과를 올린 사람을 보고 상대적 박탈감을 느끼게 되면 사람이 갑자기 변하기도 한다는 거야. 그동안 귀를 닫고 있었기 때문에, 지식과 정보가 부족해서 허점이 많은 유혹에 솔깃해지지. 그래서 늦바람이 무섭다고, 극단적으로 위험한 투기의 세계로 빠져드는 거야. 나는 그동안 이런 사람들을 숱하게 봤어. 너는 그 단계까지 가지 않아서 천만다행이야."

"그래 네 말이 맞아. 이렇게 믿을만한 재무설계 전문가를 찾은 건 정말 잘한 일이군. 허허."

그 친구는 모처럼 밝게 웃었다.

"그럼 너의 저축 성향이 장점을 제대로 발휘할 수 있도록 합리적인 재무설계 계획을 짜보자."

이후에 그 친구는 많이 바뀌었다. 적극성도 생겼고, 경제 관련 공부도 열심히 하면서 짜임새 있는 저축을 하고 있다. 자신감이 늘고 있는 것은 당연한 결과다.

04

돈 잘 불리는 법 배우기

박투자 씨 이야기

필자의 첫 직장 동료였던 박투자(가명)는 사나이 중의 사나이로 통한다. 머리가 영리하고 민첩할 뿐만 아니라 결단력과 추진력을 겸비한 재원이다. 그런데 지나치게 화통한 성격이 때로는 다른 사람들에게 상처를 주기도 했다.

월급날 동료들끼리 회식을 할 때면 그는 이렇게 투덜거렸다.

"이건 아니야. 새장 속의 새가 모이를 받아먹고 살듯이 이렇게 살수는 없어. 한 번뿐인 인생 멋지고 화끈하게 살아야지."

그러던 어느 날 그는 갑자기 직장을 그만두었다. 그 친구가 떠난 후 얼마 지나지 않아 필자도 곧 직장을 그만두었기 때문에 서로 연락이 소원해졌다. 대신 주변에서 들리는 이야기를 자주 접할 수 있었는데, 주로 그가 주식투자를 해서 큰돈을 벌었다는 내용이었다.

한번은 그가 필자에게 전화를 했는데, 전화기 너머로 그 친구 특유의 호탕한 웃음소리가 들렸다.

"잘 지내냐? 한번 봐야 되는데. 내가 너무 바빠서 말이야. 혹시 내 이야기 들었냐?"

"어, 그래. 주식을 한다며?"

"그래, 재미 좀 봤다. 전화한 건 다른 일이 아니고, 정말 아까운 특급 정보가 있어서 그래. 비밀은 꼭 지켜. 이거 정말 돈 되겠다 싶은 걸 발견했는데, 갑자기 네 생각이 나더라고. 뭐냐면⋯."

"어허, 이 친구, 큰일 낼 사람이네. 그런 식으로 주식투자하다가는 쪽박 차기 십상이야."

필자는 얼른 그의 말을 끊었다.

"쯧쯧, 여전히 새가슴이군. 그래도 생각해줘서 한 말인데, 싫으면 할 수 없고."

그 친구가 빈정거리듯 말했다.

"내가 명색이 재무설계를 하는 사람인데, 그런 허황된 투자를 할 수 있겠어? 너도, 지금이라도 투자패턴을 바꾸는 게 좋을 것 같다. 정말 걱정스러워."

필자는 염려스러운 마음에 진심으로 충고했다.

"사나이가 소심하게 별 걱정을⋯. 네 스타일처럼 돈을 굴려서 어느 세월에 큰돈 만지겠냐? 알고 보면 인생 한 방이야!"

그는 대수롭지 않게 필자의 충고를 묵살해버렸다.

시간이 더 흐르자, 그 친구의 근황에 관해 흉흉한 소문이 들려왔다.

작전주에 투자했다가 전 재산을 날렸다는 이야기도 있었고, 기획 부동산에 참여해서 사기혐의로 입건됐다는 말도 들렸다. 마음이 몹시 불편했다. 기회가 있었을 때 그 친구를 설득하지 못한 자신에 대해 죄책감이 들었다. 한동안을 망설이다가 그 친구에게 연락을 해보았다. 다행히 교도소에 간 것은 아니었다. 필자는 만날 약속을 잡았다.

약속 장소에 나타난 그 친구는 많이 핼쑥해져 있었다. 애써 시선을 피해 아래로 떨어뜨리는 눈망울은 자신감에 넘치는 예전의 모습은 아니었다.

"대충 소식은 들었다. 얼마나 힘드냐?"

필자는 위로의 인사를 건넸다.

"힘든 것도 힘든 거지만, 내 스스로가 너무 무서워. 그렇게 당하고도 정신이 안 돌아오는 거 같아. 아직도 얼마간 돈이 있으면 한 방 터트릴 수 있다는 생각이 들기도 해."

그 친구가 자책하듯 말했다. 그리고 그간의 이야기를 털어놓았다.

"내가 좀 허황돼 보이긴 하지만, 처음부터 그랬던 건 아니야. 주식 투자를 시작할 때는 나름대로 공부도 하고 신중하게 접근했어. 잃어도 크게 문제가 되지 않을 정도의 금액으로 투자를 했지. 당장은 저평가되어 있지만 성장 가능성이 큰 기업을 찾아서 그 주식을 샀어. 많이 올랐지. 자신감이 넘쳤어. 내 스타일대로 하면 된다는 확신이 들었지. 그래서 대박 가능성이 큰 회사를 또 찾기 시작했어. 한 회사가 눈에 들어왔어. 다소 미심쩍은 구석이 있긴 했지만, 그 회사 신상품이 히트를 치고 주가가 수십 배 오를 것이라는 기대감에 그런 건 중요하지 않게 생각되었어. 빚까지 포함해서 동원할 수 있는 돈은 모두 끌어다가 투자 했지. 그런데 이게 완전히 허탕이었어. 주식은 휴지조각이 되고, 난 빚 더미에 올라앉았어. 그런데도 정신이 안 돌아오는 거야. 한 방으로 복 구할 수 있다는 생각으로 이것저것 다 손댔지. 그러다 재기불능 상태 에 왔어. 예전에 주변 사람들이나 네가 충고할 때 신중히 생각했으면 좋았을 텐데…. 이제 아무것도 할 수 없어."

"아냐, 아직 늦지 않았어. 상투적인 이야기가 아니라, 진심으로 하 는 말이야. 넌 똑똑하고 장점이 많으니 곧 일어설 거야. 가족들이 있잖 아. 힘내."

"새로 시작하는 게 가능할까?"

"그럼, 대박 심리는 버리고, 차근차근 문제를 풀어나가면 충분히 재 기할 수 있어."

필자는 그 친구가 다시 일어서리라는 확신에 차서 말했다.

그 만남이 있은 후 시간이 좀 더 흘렀다. 그 친구와 필자는 자주 통 화하며, 가끔 만나고 있다. 극적인 반전은 없지만 그 친구의 삶의 태도 는 많이 바뀌었다. 그리고 주변의 사람들에게 자신의 경험을 들려주고 있다. 특히 대박의 꿈에 젖어 있는 사람들에게 이렇게 말한다.

"투자는 좋은 것이다. 가능성이 있는 기업을 발견해서 투자함으로 써 그 회사와 내가 함께 이익을 보는 것은 사회적으로도 좋은 일이다. 그러나 이러한 기업을 선택할 때는 신중해야 하고 여러 방면의 지표 를 다 검토할 수 있어야 한다. 만약 자신이 그런 일을 할 수 없다면 건 전한 금융기관을 통한 간접투자를 하는 것이 좋다. 그리고 공격적인 투자를 할 때에는 자신이 감당할 수 있는 리스크 범위 내에서 해야 한다. 그렇지 않다면 삶이 송두리째 무너질 수 있다는 사실을 명심해야 한다."

일부 사람들은 식상한 이야기라며, 귀담아 듣지 않지만, 필자는 알고 있다. 그것이 자신의 젊은 시절 소중한 것들을 희생해가며 얻은 살아있는 지식이라는 것을.

05
스타일 재무설계란 무엇인가

앞에서 소개한 세 친구의 이야기를 통해, 필자는 세 가지 스타일의 재무설계에 대해 이야기하고자 한다. 각각의 이야기들을 통해 독자 여러분들께서 이미 돈을 운용하는 세 가지 스타일에 대해 어느 정도 이해를 가졌으리라 믿지만, 그 내용을 간략히 정리해보면 다음과 같다.

김지출, 이저축, 박투자는 보통 사람들이 돈을 대하는 세 가지 유형을 대변한다. 이 세 가지 스타일은 각각 양면을 갖고 있다. 하나는 소모적인 면이고, 하나는 생산적인 면이다. 앞서 보았듯, 지출에도 생산적인 면이 있고, 저축도 소모적일 수 있다. 필자의 세 친구는 각자의 개성으로 살아왔고, 앞으로도 살아갈 것이다. 그 친구들이 처음에 실수한 것은 소모적인 방향으로 살았기 때문이다. 하지만 각자의 개성은 살리면서 생산적인 방향으로 바뀌었다.

2장에서는 각각의 스타일에 대해서 상세히 다룰 것이다. 여기서는 간략히 개요만 짚어보자.

생산적 지출과 소모적 지출

먼저 김지출은 금융상품이나 부동산을 통한 재테크에 나서기보다는 자신의 직업이나 전문 분야에서 승부를 내고 이익을 실현하려는 스타일이다. 투자성향이 공격적이냐 안정적이냐는 중요하지 않다. 자신과 자신의 업에 집중 투자하여 자기가치를 늘리려는 경향이 있다. 그리고 안정지향적인 이저축이 '직장'에 비중을 두는 성향인 것과 달리, 김지출은 '업' 자체에 비중을 두는 경향을 보인다. 자신에 대한 투자는 어떤 면에서 가장 공격적인 투자라고 할 수 있다. 그러나 자신이 가장 잘 아는 자신에게 투자한다는 면에서는 가장 안정적인 투자라고도 할 수 있다. 이러한 김지출의 양면을 살펴보자.

지출성향의 소모적인 측면은 한마디로 기본적인 생활질서가 잡히지 않고, 경제관리가 안 되는 것이다. 경제관념이 부족하기 때문에 무계획적이고, 무절제한 생활에 쉽게 빠진다. 여러 가지 유혹에 쉽게 노출되고 자신의 욕망을 실현하고자 하는 경향이 강하다. 돈과 시간을 낭비하는 것을 단순히 경험으로 치부하기도 한다. 특히 투자 방향이 잘못 설정되면 자신에 대한 투자가 아니라 의미 없는 비용의 손실을 입게 된다.

대체로 이런 성격의 사람들은 저축이나 투자에 둔감하고, 세상의 경제적인 흐름이나 금융상품에도 지나치게 무관심한 측면이 있다. 내가 성장해서 돈을 잘 벌게 되면 만사형통이라는 것이다. 그래서 기본적인 여유자금 마련이나 위험에 대한 대비가 되어 있지 않다. 인생에서 닥칠 수 있는 여러 문제들에 무방비로 노출된 채로 앞만 보고 달려가는 유형인 것이다.

지출에도 생산적인 측면이 존재한다. 비용 없이 수입을 얻을 수 없기 때문에 지출은 수입의 전제조건이 된다. 최소한의 경제적인 안정을 바탕으로 비용을 투자하여 자신의 가치를 높이는 데 집중한다면 큰 성과를 거둘 수 있다. 특히 요즘과 같이 평생직장의 개념이 약해지고 개인 브랜드에 대한 중요도가 높아지는 세상에서 전문적인 능력의 개발은 든든한 자산이 될 수 있다. 자신의 업에 집중하고 새로운 능력을 계발하기 위해 계속 도전하는 사람은 인생에 대한 만족도가 높다. 전문성을 바탕으로 이익을 실현하기 때문에 이익의 증가폭도 빠를 수 있고, 직장에서의 불안감을 해소하고, 사업 등으로 전환하기에도 용이하다.

요컨대 지출성향이 강한 사람들은 지출의 소모성을 제거하고 생산적인 면을 발전시키는 길을 선택함으로써 대안을 찾을 수 있다. 자신의 전문성을 강화하는 데 비용을 쓰되, 경제 전반의 흐름 속에서 지출의 분야와 금액을 결정함으로써, 오판을 피하고 올바른 자기계발을 할 수 있다. 이때 금융상품 선택 등 기본적인 재무설계를 병행하는 것이 좋다.

생산적 저축과 소모적 저축

앞에서 소개한 이저축은 안정지향적인 스타일이다. 갑자기 큰돈을 벌기보다는 열심히 일해서 꾸준히 돈을 벌려고 한다. 이저축은 조금씩 성장해가면서 재산을 축적하는 스타일을 대표한다. 저축은 무조건 생산적이고 좋은 것이라 생각하기 쉬운데, 저축에도 생산적 측면과 소모적 측면이 함께 존재한다.

먼저 저축의 소모적인 면이 나타나는 경우를 보자. 저축성향이 강한 사람들은 대체로 경제흐름과 금융상품에 무관심한 경향을 보인다. 돈은 오로지 일을 통한 수입에 의해서만 늘어난다고 믿기 때문이다. 물가상승률을 고려하지 않고 금융상품에 가입함으로써 실질적인 손해를 입기도 한다. 또한 앞서 소개한 이저축의 이야기에서처럼 상대적 박탈감을 느끼기도 하고, 잘못된 정보에 현혹되는 극단적인 양상으로 변화하기도 한다. 안정을 추구하고 직장에 의존하는 측면이 강하기 때문에 모험성과 적극성이 부족하여 발전이 더딘 단점도 있다. 한마디로 지나친 안정추구로 인해 시대에 뒤처지거나 손해를 볼 수 있다.

저축의 생산적 측면이 극대화되기 위해서는 지혜가 필요하다. 당장 눈앞에 있는 것뿐만 아니라 시야를 넓혀도 보고, 멀리 보면서 저축의 강점을 살리는 것이 좋다. 저축성향이 강한 사람들은 경제흐름이나 금융상품에 대한 기본적인 정보와 지식을 갖고, 안정적이면서도 수익성이 높은 금융상품을 이용하는 태도가 필요하다. 또한 현재 직장에 충실한 것은 여러모로 바람직한 태도이다. 알뜰한 자세도 훌륭하다. 그렇지만 눈에 보이는 돈이 전부가 아니다. 시간의 가치, 실질적인 가치, 미래에 상승할 가치 등을 고려하여 진정한 절약, 통 큰 절약을 할 줄 알아야 한다.

생산적 투자와 소모적 투자

앞의 이야기에 등장한 박투자는 공격적인 투자 스타일을 갖고 있다. 금융상품을 통한 이익실현에 관심이 많으므로 이에 대한 공부를 전문가 수준으로 많이 하는 편이다. 이러한 박투자의 양면을 살펴보자.

먼저 소모적인 면으로 나타날 때는 지나치게 도박적인 재테크에 몰입한다. 단기간에 큰 수익을 얻기 위해서 부채를 이용한 투자를 하거나 부실채권, 부실기업에 투자하기도 한다. 풍문에 흔들리기 쉽고 테마주만을 찾아다니는 경향을 보인다. 여유자금이 아닌 기본적인 생활자금을 투자에 집어넣기 때문에 심적인 안정을 찾지 못하고 늘 불안한 생활을 한다. 따라서 투자에 관한 현명한 판단을 내릴 수 없고, 올바른 매수시점과 매도시점을 찾지 못한다. 심지어 빚을 내서 투자하다 남에게도 큰 피해를 주고, 자신의 경제생활도 파탄이 나는 경우가 비일비재하다.

반면에 투자성향이 생산적인 면으로 펼쳐질 때에는 긍정적인 결과가 실현된다. 공격적인 금융상품에 투자할 때에도 원칙에 기반을 둔 투자를 하게 된다. 높은 수익률을 지향하면서도 투자의 정석인 가치투자, 장기투자의 원칙을 지키기 때문에 늘 안정적인 기반은 가지고 있는 상태에서 투자를 할 수 있다. 기본적인 생활자금과 비상자금이 확보된 안정된 기반 위에서 투자를 하기 때문에 심리적인 안정을 찾을 수 있고, 위험한 유혹에 휘둘리지 않고 현명한 판단을 내릴 수 있다.

간혹 전문가 수준으로 투자를 공부한 사람들이 직접투자를 통해 높은 이익을 실현하기도 한다. 그러나 대부분의 경우에는, 전문가들을 통한 간접투자가 더 유리하다. 투자성향이 강한 사람들은 저축성향이 강한 사람들과는 달리 은행상품이나 채권형 상품보다는 주식형 상품을 선호한다. 또한 자신이 주식을 보유한 회사를 자신의 회사라는 생각을 갖고 있다. 그래서 그 기업의 전반에 대해서 잘 알고 있고, 의견도 적극적으로 개진한다. 그러한 주인의식을 바탕으로 저평가된 기업에 도움을 주고, 자신도 고수익을 실현한다.

지금까지 이야기한 지출, 저축, 투자의 양면을 표로 정리하면 다음과 같다.

세 가지 스타일의 양면	소모적인 면	생산적인 면
지출 스타일	소모적 지출 (2장 1절)	생산적 지출 (2장 2절)
저축 스타일	소모적 저축 (2장 3절)	생산적 저축 (2장 4절)
투자 스타일	소모적 투자 (2장 5절)	생산적 투자 (2장 6절)

결론적으로 이 세 가지 스타일 중 자신에게 맞는 스타일을 찾은 후 생산적인 면을 최대한 발휘하기 위해 금융과 관련된 인생을 계획하고,

포트폴리오를 짜는 것이 바로 스타일 재무설계다. 이러한 스타일 재무설계를 하기 위해서는 여기에서 간단히 다룬 세 가지 스타일의 소모적인 면과 생산적인 면을 보다 깊이 있게 살펴보고, 재무설계의 기본을 익힌 다음, 스타일 재무설계만의 독특한 면을 살펴봄으로써 실질적으로 행할 수 있을 것이다.

02

3가지 스타일, 6가지 측면

소모적 지출
내 자산을 갉아먹는 치명적 습관

소모적 지출이란 무엇인가

집에서 쓰는 가계부나 기업에서 작성하는 재무제표 모두 현금흐름표를 보면 수입과 지출란이 있다. 수입과 지출 가운데 지출을 눈여겨 볼 필요가 있다. 지출에는 고정지출과 변동지출(또는 다른 말로 고정비용과 변동비용)이 있다. 고정지출이란 공과금, 세금, 대출이자, 월세 등과 같이 반드시 지출할 수밖에 없는 비용을 말한다. 변동지출이란 고정지출처럼 고정되어 있는 것이 아니라 외식비, 의류비 등과 같이 일정하지 않은 가변적인 지출을 말한다.

통제하기 어려운 고정지출과 달리, 변동지출은 주체의 통제 혹은 관리 여부에 따라 줄일 수도 있고 늘어날 수도 있다. 변동지출 자체가 불필요한 지출을 의미하는 것은 아니다. 하지만 변동지출을 통제하지 않으면 불필요한 지출이 늘어나게 되는데, 변동지출을 통제하지 않아서 발생하는 불필요한 지출을 소모적 지출이라고 한다.

예를 들어, 직장에서 회식을 하다가 기분에 취해서 자신의 급여도 고려하지 않고 술값으로 과도한 금액을 쓴다거나, 건강을 위해 운동을 한다는 명목으로 피트니스 클럽 1년 회원권을 끊어놓고는 제대로 활용하지 않는다거나 하는데, 이런 경우가 소모적 지출에 해당한다. 쉽게 이야기하면, 돈을 낭비하는 것이 소모적 지출이다.

소모적 지출은 개인의 성격 특성, 경제관념의 유무, 삶에 대한 철학 등에 따라 그 크기가 달라진다. 소비하는 데서 삶의 낙을 느낀다거나 경제관념이 없는 사람들은 큰 고민 없이 소모적 지출을 한다. 삶에 대한 철학이 '버는 대로 쓰고 즐기고 가자'는 식의 이른바 '짧고 굵게 사는 주의'인 사람들은 말할 나위도 없다. 이런 성향의 사람들이 소모적 지출이 매우 크긴 하지만, 평범한 사람들도 소모적 지출을 한다. 정도의 차이가 있을 뿐, 거의 대다수가 불필요한 소모적 지출을 하고 있다고 해도 과언이 아니다.

소모적 지출은 바람직하지 않으며 어떤 면에서 나쁘다고까지 말할 수 있다. 개인의 차원을 넘어서기 때문이다. 소모적 지출은 개인의 미래를 불투명하게 만들 뿐 아니라, 사회도 불건전하게 만든다. 소모적 지출의 결과로 개인이 파산하면, 개인의 몰락을 넘어 주변의 지인이나 기관들에게 불편과 부담 등 악영향을 미치게 된다.

소모적 지출이 중요한 이유는 소모적 지출을 통제하는 데서 재테크, 나아가 재무설계의 첫걸음이 시작되기 때문이다. 재테크든, 재무설계든 그와 관련해 흔히 종잣돈을 말한다. 자신의 현금흐름이나 자산 및 부채에 대해 파악한 다음, 우선적으로 종잣돈을 마련해야 한다는 것이다. 종잣돈을 마련해 먼저 부채를 갚고, 만약의 경우를 위한 비상자금을 확보해두며, 궁극적으로 투자자금으로 활용하게 된다. 그런데 이러한 종잣돈 마련은 바로 지출을 통제하는 데서 시작된다.

말하자면, 불필요한 소모적 지출을 줄이는 것은 재테크와 재무설계의 필수이자 시작점이다. 사람들은 보통 결혼 전에 소모적 지출에 매몰되다가 결혼 이후에 여성의 주도로 소모적 지출을 줄이는 경향이 있다. 필자 역시 결혼 전에는 소모적 지출에 탐닉했던 적이 있다. 물론 눈물 어린 후회로 끝난 가슴 아픈 경험이었다.

복리의 효과에 대해서 모르는 사람은 없을 것이다. 이자가 원금과 합해져서 이자에 다시 이자가 붙는 방식이다. 흔히 '72의 법칙'으로 이야기하는데, 복리로 내가 가진 자산이 늘어난다고 했을 때 그것이 두 배가 되는 기간은 '72/금리=기간'이라는 것이다. 이 공식은 고정된 금리 하에서 나의 돈이 두 배가 되는 것을 계산하는 공식이지만, 역으로 살펴보면 기간이 늘어날수록 낮은 금리로도 혹은 적은 자산으로도 큰 수익을 얻을 수 있다는 말이 된다.

20~30대에는 투자나 저축을 하기에는 돈이 부족하다고 여기기 때문에 어렵게 얻은 수입을 소모적 지출로 쉽게 써버리는 경향이 있다. 하지만 기하급수적으로 늘어나는 복리의 효과를 생각한다면 적은 금액도 장기적으로 저축하고 투자하는 버릇을 들여야 한다. 적은 돈이라도 시

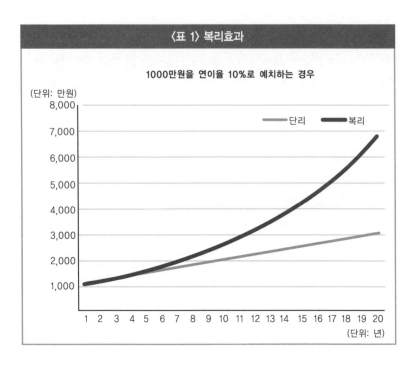

〈표 1〉복리효과

1000만원을 연이율 10%로 예치하는 경우

(단위: 만원)

(단위: 년)

단리와 복리 이자 비교

(단위: 만원)

구분	1년 후	2년 후	3년 후	4년 후	5년 후	10년 후	15년 후	20년 후
원금	1,000	1,000	1,000	1,000	1,000	1,000	1,000	1,000
원금+단리이자	1,100	1,200	1,300	1,400	1,500	2,000	2,500	3,000
원금+복리이자	1,100	1,210	1,331	1,464	1,611	2,594	4,177	6,727

계산법

단리: 원금 1,000만 원 + 매년 이자 100만 원 (원금 1,000만 원 X 10% X 年)
복리 1년차: 원금 1,000만 원 + 1,000만 원 X 10% = 1,000만 원 X (1 + 10%)
복리 2년차: [1,000만 원 X (1 + 10%)] + 1,000만 원 X 10%
복리 3년차: [1,000만 원 X (1 + 10%) X (1 + 10%)] + 1,000만 원 X 10%
복리 4년차: [1,000만 원 X (1 + 10%) X (1 + 10%) X (1 + 10%)] + 1,000만 원 X 10%
복리 5년차: [1,000만 원 X (1 + 10%) X (1 + 10%) X (1 + 10%) X (1 + 10%)] + 1,000만 원 X 10%

간이 큰돈을 만들어줄 것이기 때문이다. 젊을 때일수록, 현재의 소모적 지출을 저축이나 투자로 연결했을 때 효과가 더 큰 법이다. 20대에 시작하느냐와 40대에 시작하느냐는 확연히 다른 결과를 낳기 때문이다.

결론적으로 재무설계의 첫 번째 단계는 소모적 지출을 줄이는 것이라는 점을 명심하고 마음가짐을 새롭게 해야 할 것이다.

소모적 지출의 실제

소모적 지출의 실제 모습을 살펴보도록 하자. 통계청에서 분류해 발표하는 가계소비지출을 항목별로 살펴보면 다음과 같다.

첫째, 고정화된 식비 이외의 정기적이지 않은 외식비, 주류 및 담배에 소비되는 지출, 공적이지 않은 개인 접대비 등이다. 남성 직장인의 경우 술값과 담뱃값으로 과도한 지출을 하는 경향이 있다.

둘째, 지하철, 버스, 자전거 이외의 자가용, 택시 등에 지출되는 교통비다. 실질적으로 차량 구입비, 유류비, 차량 유지비 등 본인의 수입에 비해 과도한 지출이 '자가 차량'에 의해서 발생된다.

셋째, 신발을 포함한 의류를 구입하는 데 쓰는 지출이다. 실제 상담을 해보면 젊은 직장인의 경우 정장, 구두, 가방(핸드백), 지갑, 선글라스 등 의류와 액세서리 비용으로 소모적인 지출이 과도하게 발생한다. 특히 여성을 중심으로 명품 브랜드의 의류와 패션잡화에 과다한 소비를 하는 경향이 있다.

(단위: 천원, %)

		금액			증감률		
	09. 2/4	10. 1/4	10. 2/4	구성비	09. 2/4	10. 1/4	10. 2/4
소비지출	2,070.7	2,341.8	2,211.3	100.0	1.5	9.5	6.8
실질	1,852.0	2,052.6	1,938.9	–	-1.0	5.5	4.7
식료품 · 비주류 음료	284.7	298.5	295.0	13.3	4.7	4.5	3.6
주류 · 담배	26.4	26.3	27.5	1.2	-5.3	2.6	4.2
의류 · 신발	133.0	136.4	148.4	6.7	-3.1	8.5	11.6
주거 · 수도 · 광열	206.2	284.7	224.7	10.2	3.0	13.9	9.0
가정용품 · 가사서비스	71.1	76.5	80.8	3.7	-2.9	17.8	13.7
보건	140.3	144.3	158.6	7.2	17.6	6.7	13.0
교통	257.8	250.4	271.6	12.3	-4.0	17.0	5.4
통신	132.9	137.2	139.2	6.3	-1.2	4.8	4.7
오락 · 문화	107.0	131.5	119.4	5.4	0.4	18.3	11.6
교육	235.9	378.0	238.4	10.8	6.5	4.9	1.1
음식 · 숙박	288.7	277.0	304.2	13.8	-2.7	8.4	5.4
기타 상품 · 서비스	186.8	201.1	203.6	9.2	1.9	12.4	8.9

(출처: 통계청)

넷째, 통신비용이다. 스마트폰의 보급으로 통제 불가능한 통신비용이 과다 지출되는 경우가 있다. 다섯째, 취미 생활과 관련 없는 오락 · 문화비용이다.

이외에도 교육, 보건 등 여러 가지 비용이 있겠지만 무엇보다 주목해야 할 것은 자신도 모르게 지출이 되는 기타 비용이다. 이 기타 비용이 소모적인 지출에서 가장 암적인 부분이라고 할 수 있다. 앞서 살펴본 여러 가지 변동지출을 모두 점검해서 최소한으로 줄이려는 노력이 필요하겠지만, 특히 기타 비용을 잘 살펴서 줄이거나 없애는 것이 중요하다.

맞벌이 부부의 함정 : 1+1=1이다?

맞벌이를 하는 가정의 경우, 외벌이에 비해 단기간에 보다 쉽게 목돈을 마련할 수 있다고 일반적으로 생각한다. 하지만 맞벌이를 해도 생각만큼 돈이 잘 모이질 않는 경우가 적지 않다. 왜 그럴까. 가장 큰 이유로 꼽을 수 있는 것은 바로 육아비용이다. 자녀의 육아를 양가 부모님이나 형제자매 등에게 위탁하는 경우가 많은데, 적게는 용돈 수준에서 많게는 일반적인 육아도우미 비용만큼 지출이 발생한다. 다음으로는 자신도 모르게 커진 씀씀이다. 외식비 지출도 그리 큰 부담으로 여기지 않게 되고, 경조사비 지출도 커지게 된다(축의금이 5만 원에서 10만 원으로 커지는 경험은 누구나 한번쯤 해보았을 것이다).

재무설계를 하면서 만난 맞벌이 부부의 소모적 지출 사례를 들어볼까 한다. 나름대로 지출관리를 꼼꼼히 하는데도 돈이 자꾸 샌다며 하소연하는 맞벌이 부부를 만나보자.

대기업 사무직인 나원참(33세)과 중소기업 사무직인 허무애(30세) 부부는 슬하에 딸 나빛나(3세)를 두고 있다. 이 부부의 기초 재무상태를 살펴보면, 월 소득은 남편 나원참이 세후 280만 원, 부인 허무애가 세후 200만 원으로 이 둘의 소득을 합하면 480만 원이다. 부채로는 주택담보대출 잔고가 6,700만 원, 신용대출(나원참) 잔고가 450만 원이다. 저축 및 투자 현황을 보면, 정기예금에 500만 원, 적립식펀드에 430만 원, CMA에 86만 원이 있다.

〈표 3〉은 나원참 부부의 월 소득 및 지출 흐름에 대한 명세이다. 가장 먼저 눈에 띄는 것이 무엇인가. 의류비·음식료비 등 생활비인가? 아니

〈표 3〉 나원참 · 허무애 부부의 현금흐름표

(단위: 만원)

수입		지출	
본인 소득	280	**저축과 투자**	
배우자 소득	200	CMA	–
		적금	–
		청약저축	10
		적립식펀드	20
		장기주택마련저축	20
		연금저축	–
		연금보험	20
		기타	–
		소계	70
		고정지출	
		보장성보험	40
		부채상환	41
		주택 임차료 · 관리비	20
		세금과 공과금	20
		기타	–
		소계	121
		변동지출	
		의류 · 음식료비 등	120
		교통 · 자동차	40
		전기 · 통신비	14
		교육비 · 보육비	60
		효도비	20
		기타	35
		소계	289
		지출 합계	480
수입 합계	480	가용자산	0

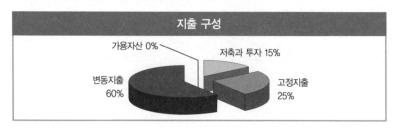

지출 구성

- 가용자산 0%
- 저축과 투자 15%
- 고정지출 25%
- 변동지출 60%

면 보육비 항목인가? 만약 '기타'라는 항목이 눈에 들어온다면 당신은 재테크의 기초 소양이 풍부한 사람이다. 기타 항목은 글자 그대로 어디에 어떻게 지출되는지 파악하기 힘든 지출 항목이다. 따라서 기타 항목 지출 비중이 크다면 가계관리에 문제가 있다는 증거가 된다.

또한 이 부부의 경우 전체 소득 중 저축과 투자 비중이 15%에 불과하다는 점이 가장 큰 문제다. 〈표 3〉의 '지출 구성' 원 그래프를 통해 전체 지출과 저축성향을 한눈에 볼 수 있을 것이다.

자 이제 항목별로 좀 더 자세히 들여다보자.

먼저 보장성보험은 남편과 부인의 종신보험료로 각각 25만 원과 13만 원, 자녀의 보험료로 2만 원을 불입하고 있다. 종신보험의 납입기간은 모두 10년 단기납인 탓에 보장에 비해 높은 수준의 보험료를 납입하고 있다. 자녀가 생긴 점과 아파트 담보대출 잔고를 감안하면 남편의 사망보험금 증액이 필요한 시점인데, 이 구조를 유지한다면 월 20만 원 정도의 보장성보험료 추가 지출은 불가피한 상황이다. 따라서 사망보장 크기가 중요한 가장의 경우 정기보험을 통해 보장을 높이고 보험료는 낮추는 것이 중요하다. 여기에 부인의 종신보험과 세 가족 실손보험을 실손특약 위주로 잘 가입하면, 현재 40만 원을 불입하고 있는 월 보험료는 25~30만 원 정도로 줄일 수 있다.

아파트를 구입하면서 생긴 담보대출은 본격적인 상환에 앞서 이자만 납입하고 있는 상태이고, 비상자금 역할을 하는 마이너스통장 잔고도 버젓이 남아 있다. 일단 대출 원금을 일부 상환하는 것이 합리적이다.

이와 관련해 〈표 4〉를 보자. 〈표 4〉는 나씨 부부의 현재 재무상태를

〈표 4〉 나원참 · 허무애 부부의 재무상태표

(단위: 만원)

자산			부채와 순자산	
현금성자산			**부 채**	
보통예금		-	**단기부채**	
CMA		-	마이너스통장 잔액	450
자유저축		-	신용대출	-
정기예금		500	소계	450
기타		-	**중장기부채**	
소계		500	신용대출	-
중기투자 자산			주택 담보대출	6,700
청약저축		540	학자금 대출	-
청약예금		-	퇴직금 담보대출	-
간접투자(적립식펀드)		430	임대보증금	-
장기주택마련저축		520	소계	6,700
주식 직접투자		-	**기타 부채**	
소계		1,490	타인보증(우발채무)	-
장기투자 자산			기타 부채	-
개인연금저축		-	소계	-
연금보험		252	**부채 합계**	7,150
지분 투자		-	**순자산**	
투자 부동산		-	순자산	21,092
회원권		-		
기타(퇴직금)		-		
소계		252		
사용자산				
주택		25,000		
자동차		1,000		
기타		-		
소계		26,000		
자산 합계		28,242	**부채와 순자산 합계**	28,242

보여주고 있는데, 특별한 목적이 없는 예금, 다행스럽게도 약간의 수익이 난 상태인 적립식펀드 평가액, 그리고 결혼 전부터 불입해온 청약저축과 6년 된 장기주택마련저축의 해지금 등으로 마이너스통장 잔고와 담보대출 원금을 일부 상환하게 되면 이자 부담은 월 10만 원 이상 줄어들게 된다. (청약저축과 관련해, 이 부부의 경우 이미 남편의 청약저축을 통해 주택을 구입한 경우다. 주택 미보유자라면 청약 관련 저축상품 해지는 매우 신중해야 한다. 또 장기주택마련저축의 경우도 5년 이내에 해지할 때는 그간 감면받은 세액에 대한 추징, 해지가산세 추징이 있고 기타소득세가 부과되며, 7년 이내에 해지할 때는 비과세 혜택이 없다는 점을 주의해야 한다.)

다시 〈표 3〉으로 돌아가 보자. 의류비·음식료비 등은 넓게 생활비라고 표현할 수 있는 지출 항목인데 이 부부의 경우는 외식비 등도 여기에 포함했다. 그만큼 식사를 밖에서 해결하는 경우가 많고 휴일에도 별 부담 없이 외식으로 간단하게 대체하는 생활패턴 때문이다. 외식비 지출을 줄이는 데 의의를 가진다고 보면 무난하다.

마지막으로 기타 항목이다. 서두에 언급한 바와 같이 기타 항목 지출은 금액의 많고 적음의 차이는 있을지언정 대부분의 가정에서 볼 수 있다. 부부 상담 시에 작은 언쟁의 빌미가 되기도 하고 다소 당황스럽거나 때론 실소를 머금게 하는 항목이다. 자, 그렇다면 기타 지출을 어떻게 찾아낼까. 당장 찾아내는 것은 포기하는 것이 좋다. 대신 유사한 금액으로 저축이나 투자를 시작해보라. 그러면 보일 수도 있다. 그럼에도 불구하고 보이지 않는다면 당신은 그동안 너무 방만한 가계관리를 한 것이라 해도 무방하다.

⟨표 5⟩ 나원참 · 허무애 부부의 지출예산표

(단위: 만원)

변경 전		변경 후	
저축과 투자		**저축과 투자**	
CMA	–	CMA	4
적금	–	적금	20
청약저축	10	청약저축	2
적립식펀드	20	적립식펀드	60
장기주택마련저축	20	장기주택마련저축	–
연금저축	–	연금저축	25
연금보험	20	연금보험	20
기타	–	변액유니버셜	20
소계	70	소계	151
고정지출		**고정지출**	
보장성보험	40	보장성보험	25
부채상환	41	부채상환	30
주택 임차료 · 관리비	20	주택 임차료 · 관리비	20
세금과 공과금	20	세금과 공과금	20
기타	–	기타	–
소계	121	소계	95
변동지출		**변동지출**	
의류 · 음식료비 등	120	의류 · 음식료비 등	100
교통 · 자동차	40	교통 · 자동차	40
전기 · 통신비	14	전기 · 통신비	14
교육비 · 보육비	60	교육비 · 보육비	60
효도비	20	효도비	20
기타	35	기타	–
소계	289	소계	234
지출 합계	480	**지출 합계**	480

〈표 5〉는 월 현금흐름과 재무상태를 분석하고 난 후에 제시한 나씨 부부의 지출예산표이다.

나이가 비교적 젊음에도 불구하고 적금에 일정 비중을 둔 이유는 비상자금과 유동성을 고려해서다. 어차피 현재와 같은 저금리 기조에서 단기 저축은 원금을 모으는 수준을 탈피하기 어렵다는 점을 감안하면, 비상자금으로 굳이 CMA 등에만 의존할 필요가 없다는 생각이다. 오히려 CMA를 잘못 활용하게 되면 규칙적인 저축에 방해가 될 수도 있는 것이 현실이다. 1년짜리 정기적금 방식으로 가능하면 규칙적으로 모아보라는 취지에서 적금을 가입하도록 했다.

그리고 적립식펀드에 40만 원을 추가했다. 나이가 젊다는 점, 또 대출이자를 부담하고 있다는 점을 감안하면, 저축과 투자는 최소한 대출 이율보다는 다소 높아야 하지 않겠는가. 만약 적금을 위주로 한다면 그야말로 역마진 구조이기 때문이다.

결혼 전 부인이 가입한 변액연금보험은 유지하는 것이 좋다. 장기 주택마련저축은 아내 명의로 가입이 되어 있고 그나마 연 소득공제 효과는 100만 원을 넘지 못한다(불입액 대비 40% 공제). 따라서 이것은 해지하는 것이 좋다.

또한 이 표를 보면 인적공제 등을 분산한 탓에 남편의 과세표준이 1,200만 원을 넘는다. 따라서 남편 명의의 연금저축을 통해 연간 49만 5,000원의 환급효과를 기대할 수 있다. 실제 환급받게 되는 금액은 반드시 재투자나 건전하고 필요불가결한 소비로만 연결되어야 할 것이다.

한편 변액유니버설보험의 경우, 장기투자가 가능한 연령이어서 경험생명표를 소급 적용하는 옵션을 가진 상품으로 추천했다. 연금 재원을 염두에 둔 포석이긴 하나 주된 목적은 자녀교육비이다. 부채부터 모두 상환하고 저축하는 것은 어떨까. 한번쯤 가져볼 만한 의문이 아닐까. 안타깝게도 연금성 상품은 시간과의 싸움에 이겨야 하는 구조를 가지고 있다. 혹자는 이 점을 근거로 목돈을 모으는 가장 효과적인 방법으로 연금을 들기도 한다.

대출상환만 원활하게 진행된다면 가장 중요한 주택문제가 해결되는 것이고, 그렇다면 이 부부에게 남은 숙제는 자신들의 노후와 자녀교육비 마련이 될 것이다. 현재 지출예산표에 따르면 단기·중기·장기자금 저축은 각 16%, 40%, 44%이지만 연금저축의 납입금액 조절이 가능하다는 점과 변액보험 등의 중도인출 기능 등을 감안하면 충분히 시도해볼 만한 구조라고 할 수 있다.

이렇게 변동지출을 줄이고 현명한 투자로 연결하면, 소모적인 지출을 줄이고 생산적인 구조로 나아갈 수 있는 기반을 마련할 수 있다. 우리 주위에서 혹은 자신에게서 비일비재하게 일어나고 있는 소모적 지출의 실질적인 모습들을 참고하여 어떤 대책을 세울 수 있는지 살펴보자.

소모적 지출의 솔루션

소모적 지출을 줄이기 위해서는 첫 번째로 전체 소비지출 항목을 정리해야 한다. 전체 소비지출을 앞에서 말한 항목별로 정리하게 되면, 항목에 들어가지 않는 기타 지출을 발견할 수 있다.

　다음으로 현금의 유입과 유출이 모두 표기된 통장, 신용카드 월별 사용내역, 현금영수증을 준비한다. 최근 3개월간 지출을 크게 변동지출과 고정지출로 구분한다. 그리고 저축과 투자 그리고 보험 항목은 통장별로 또는 증권별로 구분한다.

　고정지출은 정기적인 대출이자, 세금, 그리고 생존과 인간다운 생활에 직접적인 영향을 줄 수 있는 비용을 말한다. 한편 절약의 대상은 아니지만 과도한 소비로 인한 대출은 마땅히 줄여야 할 부분이다. 그리고 변동지출은 고정지출과는 반대로, 나의 의지나 노력에 따라 줄어들거나 늘어날 수 있는 모든 항목을 말한다. 여기에는 외식비(주류, 비주류 모두 포함), 교통·통신비, 문화생활비, 교양오락비, 의류비 등을 포함한 생활비, 용돈 등이 포함될 수 있다. 지출을 줄일 수 있는 관건은 변동지출에 달려있기 때문에 변동지출을 최대한 세분화하여 항목별로 나누고, 통계청의 가계 평균값과 비교해 중간점을 찾아내는 것이 바람직하다.

　여기에서 만약 항목에 들어가지 않는 '기타 항목'이 많다면 소모적인 지출 중 일명 'Cancer Outflow'라고 하는 '암적인 지출'이 아주 큰 상태이다. 앞서도 강조했듯이, 그렇게 파악된 암적인 지출을 줄이는 것이 관건이다.

　두 번째, 항목별 지출결의서를 만들고 항목별 지출에 대한 결의를 종이에 적는다. 이는 암적인 지출을 줄일 수 있는 가장 좋은 방법이다. 지속적으로 적다 보면 자신도 모르는 기타 항목을 발견하게 되고 통제 가능한 지출 항목들을 나열할 수 있다. 그 내용은 자세할수록 좋고, 통계청에서 분기마다 조사·발표하는 〈가계 동향〉의 평균 지출보다 낮은 기준을 설정하려고 노력해야 한다. 나의 부를 관리하는 과정이라 생각하고 항목별 지출결의서를 차곡차곡 모아두면, 훗날 이를 보면서 미소 짓게 될 것이다.

돈을 결의한 이상으로 지출하게 되는 경우가 지속적으로 발생하게 되면 지출결의서를 만들고 지출계획을 세우는 것이 무의미하게 느껴져서 그만두기 쉽다. 하지만 위의 방법대로 행하여 변동지출의 항목으로 말할 수 없는 '기타 항목'을 잡아내는 것만으로도 성공이라고 할 수 있다.

세 번째, 지출에 앞서 저축 및 투자 금액을 우선적으로 설정해야 한다. 절약하고 남는 돈으로 저축과 투자를 한다는 것은 이상에 가깝다. 따라서 우선 강제적으로 저축과 투자를 실행해야 한다. 이는 적극적으로 변동지출을 줄이는 방법이다. 강제적이지만 이런 노력 없이는 현재와 크게 다를 바 없는 미래를 맞을 수밖에 없다는 것을 명심해야 한다.

정기적으로 지출되는 고정지출을 제외하고 남은 금액의 3분의 2(50%에서 70% 가량)를 투자 또는 저축을 위한 금액으로 설정한다. 지출을 이렇게 줄이는 것이 어렵게 느껴지거나 혹은 심지어 불가능하게 생각되는 사람들도 있을 것이다. 하지만 막상 실행해보면 그렇게 어렵지만은 않다. 변동지출을 줄이는 것이기 때문에 분명히 가능하다.

자신의 삶에서 경제적 여유와 행복에 대해 고민하고 있다면, 앞서 말한 세 가지를 적극적으로 실행해야 한다. 이를 꾸준히 지속하다 보면, 자신의 지출에도 계획이 생기고, 이제까지 왜 그렇게 소모적 지출이 많았는지, 그리고 소모적인 지출 중 기타 지출이 얼마나 내 인생에 암적인 부분이었는지를 깨닫게 될 것이다. 이것이 어렵다면 적어도 생존과 직결되지 않은 지출 중 3분의 2를 저축 또는 투자를 위해 따로 떼어내야 한다.

만약 지금까지의 소모적인 지출로 인해 대출이 많다면 그 대출을 잘 활용해야 한다. 대출도 잘만 활용하면 그 가치가 빛날 수 있다. 대출상품을 활용할 때 반드시 다음 여섯 가지를 체크해야 한다. 첫째, 낮은 금리를 적용받았는가. 둘째, 대출기간 동안 납입하는 이자금액은 모두 얼마인가. 셋째, 대출 발생 시 수수료는 어느 정도인가. 넷째, 이자상환액과 원금상환액의 스케줄은 어떻게 되는가. 다섯째, 중도상환 옵션과 나의 자금 여력은 어떠한가. 여섯째, 과도한 대출로 인해 현금 유출의 대부분이 대출상환에 들어가는 것은 아닌가. 이 여섯 가지를 체크해서 소모적 지출이 발생할 수 있는 가장 큰 요인 중 하나인 대출에 있어서도 효율성을 추구해야 한다.

끝으로 소모적 지출과 관련하여 벤저민 프랭클린의 지혜를 함께 생각해보자.

"돈 자체에는 아무런 가치가 없다. 그 돈을 어떻게 사용할 지, 쓸 곳과 쓰지 말아야 할 곳을 명확하게 함으로써 가진 돈이 가치를 가지게 되는 것이다."

02

생산적 지출

나의 가치를 높이는 똑똑한 소비

생산적 지출이란 무엇인가

'생산적 지출'이라는 용어는 다소 생경하게 들릴 수도 있을 것이다. 대체로 지출에 대해서는 좋지 않은 시각으로 이야기하기 때문이다. 기존의 재무설계에서는 두말할 나위 없이 지출을 악(惡)으로 규정하고 지출을 최소화하는 것을 재무설계의 기초로 삼는다. 하지만 필자는 여기서 '생산적 지출'이라는 조어를 제시함으로써 악한 지출이 아닌 착한 지출, 좋은 지출에 관해서 이야기하고자 한다.

'돈은 돌고 도는 것'이라는 이야기가 있다. 그렇다. 돈을 단순히 모으는 것은 의미가 없을 것이다. 취미 차원에서, 심미적인 목적에서 돈을 모으는 사람을 예외로 한다면, 돈은 어떤 면에서 소비를 통해서 그 목적을 실현한다고 볼 수 있다.

그런데 기존의 재무설계에서는 필요한 순간에 필요한 만큼의 돈을 모으기 위해, 즉 인생의 어떤 이벤트를 위한 목적자금을 모으기 위해 일정 기간 동안 돈을 아끼고 저축하거나 금융상품에 투자할 것을 권한다. 하지만 단순한 저축과 투자를 통해서 과연 충분한 목적자금을 모을 수 있을까. 소득을 늘리는 것을 제외한 채 금융상품과 연계된 저축과 투자만을 말하는 재무설계가 과연 누구를 위한 재무설계인지 의문이 아닐 수 없다.

따라서 재무설계를 할 때 자기계발과 경력개발을 위해서 지출하는 부분을 따로 떼어내 생각하는 프로세스가 필수적이다. 이런 목적의 지출은 소비가 아니라 오히려 투자의 일종으로 보아야 한다는 말이다.

요컨대 발상을 전환해야 한다. 자신의 몸값을 올리는 데 지출하는 것, 자기 자신을 계발하는 데 지출하는 것도 하나의 저축이나 투자와 같이 생각할 필요가 있다. 직접적으로 돈을 벌거나 모으기 위한 것, 이자수익이나 배당수익을 얻기 위한 것만이 투자나 저축의 전부는 아니다. 투자를 위한 종잣돈을 마련하는 가장 좋은 수단이 소득 자체를 늘리는 것이라는 데는 이견이 없을 것이다. 재테크 열풍에 휩쓸리다 보면 많은 사람들이 자신의 본분인 천직을 도외시하고 금융전문가, 경제전문가가 되려는 오류를 범하곤 하는데, 주객이 전도되지 않도록 주의해야 한다.

생산적 지출과 관련해 고려해볼 만한 사항으로, 멘토를 모시는 것과 인맥을 쌓아가는 것이 있다. 나의 삶과 일에서 경험과 지식을 갖춘 멘토를 찾을 수 있다면, 그래서 내가 기로에 서거나 어려움이 닥쳤을 때 멘토에게 지혜와 조언을 얻을 수 있다면 그보다 든든한 일이 어디 있겠는가. 또한 주변에 든든한 인맥을 만들어 성실하고 진솔하게 관계를 맺어가는 것도 필요하다. 이렇게 쌓인 인맥은 서로 힘들 때 도움을 줄 뿐 아니라, 함께 윈윈하는 원동력이 되어줄 수 있다.

생산적 지출의 실제

그러면 생산적 지출에는 어떤 것들이 있을까.

첫째, 나의 인생을 기름지게 만들어줄 수 있는 문화비용이다. 도서 구입비가 대표적인데, 책을 읽는 데 드는 비용은 절대 아끼지 말아야 한다.

둘째, 자기계발 비용이다. 자기계발에 투자를 함으로써 원래의 수입원으로부터의 현금유입을 상승시키거나 기타 소득을 얻을 수 있다. 소모적 지출에서 이야기했던 기타 지출과는 다른 매우 긍정적인 '기타'라 할 수 있다. 또한 연봉 협상 시 유리하게 작용할 수 있는 자격증을 취득하기 위한 비용, 막연한 공부보다는 업에 필요한 지식 함양을 위한 비용 등이 포함될 수 있다.

셋째, 건강을 위해 투자하는 비용이다. 은퇴하는 날까지 매월 일정액의 수입을 유지하는 것은 매우 중요한 일이다. 수입원을 유지하기 위해 직장생활 또는 사업을 하는 데 가장 중요한 원천은 바로 건강이다. 건강의 중요성은 아무리 강조해도 지나치지 않지만, 그렇다고 해서 섣불리 연 단위 회원권을 끊는 등 과도한 비용을 들일 필요는 없다. 자전거나 등산 같이 기본 장비만 가지면 커다란 유지비용 없이 할 수 있는 운동을 선택하는 것이 좋다.

넷째, 배려하는 삶을 위해 투자하는 비용이다. 남을 돕는 만큼 나에게 되돌아온다. 내가 남에게 박수 친 만큼 나도 박수 받을 수 있다는 생각으로, 나보다 좋지 않은 환경에서 삶을 살아가는 사람들에게 경제적인 도움을 주는 것은 어떨까.

또한 앞서도 이야기했듯이 주위 사람들에게 투자하는 비용도 고려할 필요가 있다. 특히 멘토와 멘티의 관계에서 시간과 정성을 투자하는 것은 아까워하지 않아도 된다.

김태연 타워스페린 한국사무소 부사장은 2009년 3월 〈매일경제신문〉에 다음과 같은 글을 기고한 적이 있다.

막다른 길이라고 생각되는 때에도 기회는 있게 마련이다. 그리고 그 기회의 원천은 바로 어떠한 외부 상황에서도 사라지거나 변하지 않는 나 자신이다. 스스로에 대한 투자, 즉 자기계발이야말로 세상의 어떤 재테크 기법과도 비교될 수 없는 저위험 · 고수익의 재테크다.

자기계발 전문가 공병호 박사는 "돈을 벌고 싶다면 재테크를 하지 말라"고 말한 적이 있다. 직업과 목표에 올인하고 자신에게 투자하면 돈은 따라오게 돼 있다는 것. 젊고 생산적일 때 자신을 트레이닝하는 것이야말로 고수익을 보장하는 재테크다.

자기계발의 시작은 지금 현재 일에 '몰입'하는 것부터 시작한다. '평생교육' 또한 중요하다. 성공한 사람들의 공통점은 끊임없이 배움의 열정으로 평생 공부를 실천했다는 것이다. 자신의 위치에 만족하지 않고 더높은 목표를 향해 정진할 때 더 나은 미래의 자신을 만날 수 있다.

불현듯 찾아올 힘든 시간 속에서도 변하지 않는 게 있다면 그것은 오랜 시간의 자기계발을 통해서 촘촘히 쌓아 올린 자신만의 '가치'이며 '실력'이다. 이것만큼은 오르내리는 주식 시세나 펀드 수익처럼 당신을 배신하지도, 외부 조건에 의해 사라지거나 좌우되지도 않을, 최고의 자산이란 것을 명심하자.

필자 역시 기본적인 수입원 외에 출강을 통해 기타 소득을 올리고있다. 이러한 수입원을 갖기 위해서 과거에 수많은 긍정적인 비용, 즉생산적 지출을 발생시킨 바 있다. 강의를 통한 수익을 얻기 전에 명강사가 될 자질을 갖추기 위해 책, 학원, 전문가 등에 상당한 생산적 지출을 쏟은 과거가 있었다는 것이다.

생산적 지출의 솔루션

물론 생산적 지출에도 허와 실이 있다. 생산적 지출이라는 미명 하에 비싼 비용을 지불하고 무용한 교육을 받거나 꼭 필요하지 않은 고가의 장비를 사는 것이 바로 그런 경우다. 생산적 지출을 할 때는 반드시 주변 사람들과 전문가를 통한 검증을 받아야 한다.

생산적 지출이 좋은 결과만을 낳는 것도 아니다. 잘못될 경우 소모적 지출에 가까운 돈과 시간 낭비를 일으키기도 한다. 그렇기 때문에 생산적 지출이라도 자신의 진로와 직업에 대한 충분한 고려와 계획, 컨설팅 하에 지출해야 한다. 생산적 지출은 상당히 수준 높은 투자의 기술이다. 펀드나 주식을 구매할 때도 해당 회사의 재무제표, 성장가능성, 업계 현황 등 다각적인 요소를 고려해야 하듯이 자신에게 투자할 때도 마찬가지다.

생산적 지출과 관련해 유의해야 할 점은 막연하게 '몸값을 올려서 소득을 높인다'에 그쳐서는 안 된다는 것이다. 이런 우스갯소리가 있다. 강호동처럼 유명한 진행자가 되고 싶다는 꿈을 가진 아이가 있었다. 그래서 그 아이에게 "그러면 유명한 진행자가 되기 위해 어떤 노력을 하고 있니?" 하고 물었더니 이렇게 대답했다는 것이다. "씨름 연습을 열심히 하고 있어요." 우리 모두 알고 있듯이, 강호동처럼 유명한 진행자가 되겠다고 해서, 씨름 선수라는 과정을 거칠 필요는 없다. 다소 극단적이긴 이야기지만, 명확한 근거도 없이 엉뚱한 데 소중한 노력을 기울이고 있는 건 아닌지 생각해볼 만한 이야기다.

자격증이 좋다고 하지만, 적지 않은 사람들이 실질적인 실력과는 무관한 허명뿐인 자격증을 따기 위해 몇 년씩 시간을 소비하는 모습을 종종 본다. 자격증을 위한 공부는 실질적인 공부와는 조금 다르다. 어렵게 얻은 자격증을 활용이나 잘한다면 다행이겠지만, 실상 유명무실한 자격증도 너무 많은 상태이고 자신의 전망과 동떨어진 분야의 자격증을 취득하는 경우도 많다. 따라서 그런 자격증을 따고 좋아하는 모습을 보면 안타까운 마음이 든다.

자신이 토익 점수를 올리기 위해 영어학원에 다닌다면, 토익 점수를 올려서 무엇할 것인지에 대해 "남들도 다 그렇게 하니까"라는 식의 답변에 머물러서는 안 된다. 제아무리 영어가 중요하다고 세상이 떠들어도, 자신의 직능과 무관하다면 높은 토익 점수를 얻기 위해 몇 년씩 영어 공부로 세월을 보낸다면 얼마나 한심한 일인가. 생산적인 지출을 하려면, 분명하고 구체적인 근거를 가지고 있어야 하며, 반드시 철저한 계획을 세워서 현실적이고 꼭 필요한 곳에 자신의 소중한 자원을 투입하도록 해야 한다.

중국 펀드가 좋다는 얘기에 개미 투자자들이 무작정 따라갔다가 큰 손실을 입었던 사례를 알고 있을 것이다. 잘못된 투자의 결과다. 생산적 지출도 마찬가지다. 명확한 근거와 방향성 없이 자원을 투입한다면 무의미한 곳에 소중한 돈과 시간을 낭비할 우려가 있는 것이다.

생산적 지출은 현금흐름표상에서 유입, 즉 소득을 늘리기 위한 노력이다. 소득에는 이자소득, 배당소득, 부동산 임대소득, 사업소득, 근로소득, 연금소득, 기타 소득 등이 있는데, 이 유입을 크게 만들기 위해서는 반드시 생산적 지출을 해야 한다. 자신이 나중에 수입이 없다면 연금소득을 늘리기 위해서 노력해야 하겠지만 일단은 사업소득, 근로소득, 기타 소득을 늘려야 한다.

필자의 경우에는 금융 분야의 스페셜리스트가 되는 것이 소득을 늘리는 방법이라고 생각했다. 이를 위해 최선의 방법 중 하나는 금융 관련 대학원에 들어가 공부하는 것이라고 결론을 내렸고, 그 일환으로 현재 경희대 대학원 Tax MBA 과정에 다니며 공부를 하고 있다. 필자가 학문적으로 깊이 있게 공부를 해서 탄탄한 이론적인 기반을 갖춘다면, 재무설계의 타당성과 설득력, 고객의 공감을 업그레이드할 수 있을 것이고, 이는 궁극적으로 소득 증대로 이어질 것이기 때문이다. 필자는 앞으로도 스스로를 향상시키기 위해서 지속적으로 노력할 것이고, 이것을 실행하기 위해서 필자가 가진 현금흐름의 적지 않은 부분을 생산적 지출로 활용할 것이다.

노력하지 않고 세월만 보내면 결코 유입은 늘어나지 않는다. 도둑놈 심보가 아니라면, 자신의 가치를 높여서 유입을 늘려야 한다. 그렇게 하기 위해서는 반드시 생산적인 지출을 해야 한다. 나에게 투자하라. 나의 가치를 올리기 위해 하는 지출은 더 큰 수입으로 돌아오게 될 테니 말이다.

03

소모적 저축

돈을 모으고 있다는 어리석은 착각

소모적 저축이란 무엇인가

앞에서 나온 '생산적 지출'이란 말만큼이나 '소모적 저축'이란 용어도 낯설 것이다. '저축에 소모적인 것이 있을까' 하는 의문이 들 수 있다. 하지만 결론은 소모적 저축은 '있다'이다.

소모적 저축이란 돈을 모으고 있다고 생각하지만 실제로는 돈을 낭비하고 있는 잘못된 저축을 말한다. 물가상승률을 고려하지 않은 저축과 같이, 현재의 금융환경을 고려하지 않은 잘못된 금융상품이나 자신과 맞지 않는 금융상품에 저축하는 것이 소모적 저축에 해당한다.

한국은행이 2010년 1월 25일에 발표한 자료에 의하면, 2009년 은행의 신규 취급액 기준 순수 저축성 예금의 평균금리는 3.19%였다. 그

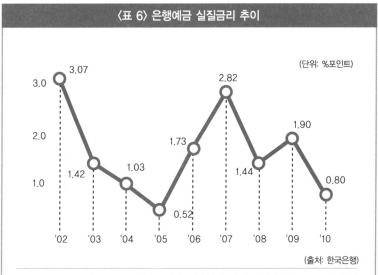

<표 6> 은행예금 실질금리 추이

(단위: %포인트)

3.07
2.82
1.90
1.73
1.44
1.42
1.03
0.80
0.52

'02 '03 '04 '05 '06 '07 '08 '09 '10

(출처: 한국은행)

예금은행의 순수 저축성 예금금리에서 소비자물가상승률을 뺀 수치(실질금리)는 2010년 1월 기준으로 0.81%포인트이다. 2010년 1월의 실질금리는 이자소득세(주민세 포함 세율 15.4%)를 제외하면 사실상 제로나 마이너스에 불과하다.

런데 연 15.4%의 이자소득세를 감안하면 2.69%의 금리밖에 되지 않는다. 반면 2009년 통계청이 발표한 소비자물가상승률은 2.79%였다. 실질금리가 마이너스라는 공식이 성립된다. 따라서 일반예금을 통해서는 결코 수익을 얻을 수 없으며, 오히려 자신이 가진 자산을 소모하는 셈이다. 여기다 각종 수수료 등을 제한다면 은행에 보관료를 지불하고 있다는 것이 더 정확한 표현일 것이다.

이처럼 물가상승률을 고려하지 않은 맹목적인 저축이 대표적인 소모적 저축이다. 참고로 여기서 이야기하는 '소모적 저축'은 '생산적 저축'의 대립 개념이다. 마찬가지로 이 장의 5절에서 다룰 '소모적 투자' 는 '생산적 투자' 의 대립 개념이다. 저축과 투자 중 어디에 중점을 두는가는 개인의 성향에 따라 달라진다. 공격적인 성향을 지닌 사람은 소모적 투자나 생산적 투자 둘 중의 하나일 것이고, 보수적인 성향을 지닌 사람은 소모적 저축이나 생산적 저축 둘 중의 하나일 것이다. 따라서 여기서 소모적인 저축은 기본적으로 보수적인 투자성향을 지닌 사람들을 대상으로 한다.

보수적 성향의 사람들은 대체로 큰돈을 단기간에 벌려는 경향이 강하지 않다. 일개미처럼 성실하게 번 돈 내에서 생활하려는 특성을 지니고 있다. 원금보전 심리가 강해서, 주식이나 펀드에 쉽게 뛰어들지 않는다. 소위 일확천금을 노리지 않는 사람들이다. 이들이 적당한 자기계발 투자를 겸비한다면 중산층 혹은 그 이상의 부를 축적할 수 있을 것이다.

만약 이들이 생산적 지출에 대해서도 관심이 없다면 다음 두 부류 중 하나일 공산이 크다. 모든 리스크를 최소화하고 평생 소시민처럼 살아가기를 꿈꾸는 사람들이거나, 이미 상당한 부를 축적해두었기 때문에 경제적인 리스크나 목적자금 달성이 더 이상 수익률과는 무관한 단계에 이른 부유층이다. 안정을 지향하는 것은 좋다. 다만 둘 중 어느 경우든, 내가 관리하고 있는 혹은 어렵게 축적한 자산이 바람에 모래성이 쓸려나가듯 조금씩 사라지는 것은 누구도 바라지 않을 것이다. 따라서 이 절에서는 소모적 저축의 위험성과 대비책에 중점을 두고 이야기하고자 한다.

그렇다면 소모적 저축에 해당하는 상품에는 어떤 것들이 있을까. 은행의 요구불예금, 고정금리형 정기적금이 대표적이다. 다음으로 중복 가입된 손해보험 등과 같이 본인과는 맞지 않은 보험상품이 있다.

부실한 채권상품 등도 소모적 저축에 속한다고 할 수 있다.

소모적 저축의 실제

현명하지 못한 저축은 저축의 효과를 반감시킬 뿐만 아니라 실질적으로 자신의 자산을 잠식할 수 있다. 소모적인 저축의 예를 자세히 살펴보면 다음과 같다.

첫째, 무작정 시작한 적금이다. 주로 연초에 굳은 마음으로 적금을 들어 부어나가다 여름휴가 무렵에 해약을 하거나 갑자기 목돈이 필요해서 해약해본 경험이 있을 것이다. 야심차게 시작하지만 돈의 목적을 잃게 되는 경우이다. 그렇게 해서라도 저축하는 것은 좋지만 목적 없는 저축이 계속 반복되다 보면 길 잃은 돈을 만들게 된다. 만기에 갈 곳 없는 목돈을 만들어서는 안 된다.

둘째, 원금보장만을 고려한 저축이다. 원금보장을 고집한다면 차라리 장독을 하나 사서 거기에 돈을 묻으라고 말하고 싶다. 고객과 상담을 하다 보면 실제로 원금보장을 너무나 중요하게 생각한 나머지 은행의 예·적금 상품만 지속적으로 가입하는 고객을 많이 만나게 된다. 리스크에서 자유롭고 싶은 마음은 충분히 이해하지만, 그렇게 하면 원금보장에 매몰되어 물가상승률을 등한시하는 우를 범하게 될 수 있다.

셋째, 저축의 가면을 쓴 보험상품이다. 보험상품 중 변액유니버셜보험이라는 상품이 있다. 변액유니버셜보험은 10년 이상 유지 시 비

〈표 7〉 100만 원의 가치 변화와 현재가치의 미래가치

(단위: 만원, 반올림)

생산적 저축의 가치변화			소모적 저축의 가치변화		
연수	이자율 3%	이자율 4%	연수	인플레이션 3%	인플레이션 4%
1년	103	104	1년	97	96
2년	106	108	2년	94	92
3년	109	112	3년	92	89
4년	113	117	4년	89	85
5년	116	122	5년	86	82
6년	119	127	6년	84	79
7년	123	132	7년	81	76
8년	127	137	8년	79	73
9년	130	142	9년	77	70
10년	134	148	10년	74	68
11년	138	154	11년	72	65
12년	143	160	12년	70	62
13년	147	167	13년	68	60
14년	151	173	14년	66	58
15년	156	180	15년	64	56
16년	160	187	16년	62	53
17년	165	195	17년	61	51
18년	170	203	18년	59	49
19년	175	211	19년	57	47
20년	181	219	20년	55	46
21년	186	228	21년	54	44
22년	192	237	22년	52	42
23년	197	246	23년	51	41
24년	203	256	24년	49	39
25년	209	267	25년	48	38
26년	216	277	26년	46	36
27년	222	288	27년	45	35
28년	229	300	28년	44	33
29년	236	312	29년	42	32
30년	243	324	30년	41	31

과세 혜택이 있고 장기 재무 이벤트에 최적인 상품임에는 재론의 여지가 없다. 하지만 판매 단계에서 가입설계서의 확정되지 않는 수익률에 현혹되거나 '단기 저축성 상품' 으로 잘못 알고 가입하는 경우가 흔하다. 보험상품의 경우 가입 초기 단계에서 상당 부분의 수수료를 공제하기 때문에 단기 재무 이벤트에 대비하여 가입할 경우 낭패를 볼 수 있다.

〈금융상품 피해 사례 자료〉를 보면, 보험 가입 당시 설명이 부족하거나 정확하지 않은 설명으로 인해 발생한 피해 사례가 보험금을 지급받으면서 발생한 피해에 비해 최근 3년간 증가하고 있음을 알 수 있다. 또한 손해보험사의 실손의료비의 경우 '이득금지의 원칙' 에 의해 실제 손해만큼만 보장받을 수 있다는 점을 모르는 경우가 많은데 유의해야 한다. 따라서 이를 정확히 인식하고 중복 가입하여 낭패를 보는 일이 없도록 해야 한다.

보험은 남의 인생을 도와주기 위해 드는 것이 아니고 내 인생의 위험에 대비해 드는 것이다. 보험을 저축으로 착각하여 보험에 과다한 비용을 지출하는 일이 없도록 가입 보험 리모델링과 보험료 다이어트를 권장한다. '보험은 보험이고 저축은 저축이다' 는 사실을 명심하자.

넷째, 이자계산 방식을 모르고 가입하는 적금상품이다. 예금과 적금에 대해서 혼동하는 분들이 있다. 많은 분들이 "예금보다 적금이 이자가 높던데요?"라고 말한다. 하지만 그렇지 않다. 얼핏 보기에 예금이 적금보다 이자율이 낮아 보인다. 하지만 이는 계산방식이 다르기 때문으로, 실제로는 예금이 더 많은 이자를 받게 된다. 예·적금의 이자계산 방식은 평잔과 말잔이라는 방식을 사용하게 되는데 예금의 경우 말잔, 적금의 경우 평잔의 이자계산 방식을 사용한다. 간단히 예를 들어 설명하면 다음과 같다.

이자율은 5%라 가정하고, 월 100만 원씩 1년간 적금을 넣거나 1,200만 원을 1년간 예금할 경우를 예로 들어보자. 간편하게 계산하기 위해서 이자소득세는 생략하도록 한다.

예금의 이자는 1,200만 원×0.05 = 60만 원이다. 즉 예금으로 받을 수 있는 돈은 1,260만 원이다.

적금의 이자는 조금 복잡한 방식이 적용된다. 100만 원×0.05× 12/12+100만 원×0.05×11/12 + 100만 원×0.05×10/12+ …… 100만 원×0.05×1/12=39만 원. 즉 적금으로 받을 수 있는 돈은 총 1,239만 원이다. 적금에 해당하는 말잔의 계산방식은 남은 달수를 전체 달수로 나눈 만큼의 이자가 매달 적용되는 것이다. 다시 말해 첫 달에 넣은 100만 원은 1년간 예치되므로 이자율이 온전히 5%이지만, 마지막 달에 넣은 100만 원은 딱 1달 예치되므로 연 이자율의 1/12만 가산되는 식이다.

따라서 같은 이자율일 때 보통 적금의 이자에 1.8을 곱하면 예금의 이자가 나온다고 생각하면 된다. 다르게 표현하자면 예금은 적금보다 이자가 약 1.8배 높다. 즉, 적금을 잘하는 것도 중요하지만 예금을 잘하는 것 또한 돈을 불릴 수 있다는 점을 알아야 한다.

다섯째, 생각 없이 가입한 CMA 상품이다. CMA(Cash Management Account)는 증권계좌와 은행계좌의 장점을 잘 합쳐놓은 상품인 종합자산관리계좌를 말한다. 증권계좌처럼 넣어둔 돈을 언제든 유가증권에 투자할 수 있으며, 은행의 보통예금처럼 입출금이 자유롭다는 장점을 가지고 있다. 이외에도 은행의 보통예금 이자가 연 0.2%인 데 비해 CMA는 입금이 되는 순간 증권사가 알아서 RP(환매조건부채권) 같은 유가증권에 투자해 연 4%에 가까운 투자이익을 준다. 즉 단기간 예치해도 높은 이자율을 적용받을 수 있는 것이다.

이처럼 CMA는 장점이 많은 상품이지만 그렇다고 만능으로 생각하고 방치해서는 안 된다. 증권사에서 판매하는 RP형/MMF형 CMA는 원금보장이 되는 상품이 아니다. 일반적인 CMA는 예금자보호 대상이 아니며 법적으로 원금을 보장해주지 않는다. 물론 예금자보호제도에 의해 원금보장이 되는 종금사(종합금융회사) 및 과거 종금사와 합병한 증권사의 CMA도 있지만, 이들 CMA는 원금보장이 되지 않는 CMA보다 수익률이 약간 낮다. 따라서 가입 시 꼼꼼하게 확인해야 한다.

CMA는 또한 자유 입출금이라는 편리성 때문에 저축을 하고 있다고 착각하지만 결과적으로 목돈을 마련하는 데 상당히 어려움이 있다. 따라서 목돈 마련이 아닌 '기타 지출'을 잡기 위한 방법으로 CMA를 이용하는 것이 바람직하다. 또한 비상시를 위한 예비자금을 마련하려는 목적으로, 일반 보통예금 통장과 구분하여 계좌관리를 하기 위한 통장으로 이용한다면 최적의 상품일 수 있다.

CMA와 비슷한 상품으로 MMF와 MMDA가 있다. MMF(Money Market Fund)는 투자신탁회사가 고객들의 자금을 모아 펀드를 구성한 다음, 금리가 높은 만기 1년 미만의 단기금융상품에 투자하여 수익을 얻는 30

일 이내의 초단기 금융상품이다. 소액투자가 가능하고 환매가 자유롭다는 장점을 지니고 있다. 하지만 결제 기능이 없고 자동이체 계좌로도 사용할 수 없으며 세금혜택 또한 없는 상품이다. 과한 우려일 수도 있겠지만 부실채권에 대한 투자로 유동성 문제가 생길 수도 있다.

MMDA(Money Market Deposit Account)는 MMF보다 다소 수익률은 떨어지지만 하루만 맡겨도 이자를 주고 확정금리로 이자를 준다는 점에서(물론 이자율은 예치하는 금액에 따라 다르다) 수익성과 안정성을 지닌 상품이라 할 수 있다. 입출금이 자유롭고 각종 이체 및 결제도 가능하며 예금자보호제도에 의해 5,000만 원 한도 내에서 보호도 받을 수 있는 상품이다. 통상 500만 원 이상 가입 가능하고, '소액계좌 무이자제도'에 따라 이자를 지급하지 않는 은행도 있으니 가입할 때 신중을 기해야 한다.

여섯째, 일반예금 상품이다. 일반예금 통장은 저축을 하고 있다고 착각하게 만드는 통장의 대표 주자라고 할 수 있다. 이는 소모적 지출의 큰 부분을 차지한다. 돈을 잘 사용하여 더 큰돈을 만들어야 하지만, 일반예금 상품은 연 단위 이자율이 0.2%에 못 미치기 때문에 물이 고이지 않고 통과하는 '도관(導管)'에 불과하다. 실제 많은 직장인들이 급여통장으로 활용하고 있는 것이 바로 일반예금 통장이다. 만일 자신의 급여 통장이 일반예금 통장이라면, 저축하고 있다고 착각하지 말아야 한다.

지금까지 살펴본 여섯 가지 예를 잘 살펴 소모적 저축으로 돈을 활용하는 일은 없어야 할 것이다. 소모적인 저축에 대응하여 어떻게 해야 할지 이어지는 '소모적 저축의 솔루션'에서 알아보자.

소모적 저축의 솔루션

많은 사람들이 투자를 두려워한다. 하지만 정작 두려워해야 하는 것은 시간이 갈수록 오르는 물가와 떨어지는 화폐가치이다. 장독에 돈을 묻어두고 10년 후에 꺼내면 그 돈의 가치는 엄청나게 줄어들어 있을 것이다. 또한 그사이에 그 돈을 사용할 기회비용도 잃었을 것이다.

물가는 지금까지 상승했다. 앞으로도 상승할 것이다. 따라서 내가 지금 가지고 있는 돈의 가치는 시간이 갈수록 하락하게 된다. 물가상승률보다 높은 수익을 줄 수 있는 투자상품을 선택하는 지혜가 필요한 것은 그런 이유에서다.

소모적인 저축을 피하기 위해서는 먼저 금융상품의 매뉴얼을 꼼꼼하게 확인해야 한다. 가전제품과 마찬가지로, 금융상품에도 매뉴얼이 있는데 바로 약관 및 상품설명서이다. 금융상품 가입 시 투자성향이나 기간의 설정만큼 중요한 것이 금융상품의 매뉴얼인 약관과 상품설명서를 꼼꼼히 살펴보는 일이다. 첫 단추를 잘못 끼워 입은 옷을 입고 밖에 나갔을 때 창피함을 무릅쓰고 갈아입을 용기가 있거나 집에 돌아오는 시간적 여유가 있는 사람이라면 모르지만, 그렇지 않다면 금융상품의 첫 단추라 할 수 있는 상품의 매뉴얼을 잘 확인하고 그 장단점을 정확히 파악해야 한다.

또한 돈이 필요한 시기에 바로 그 돈을 쓸 수 있도록 유동성을 확보해놓은 상품인지 확인해야 한다. 투자상품을 선택할 때 가입을 권유하는 사람의 눈과 입이 내 인생을 책임져주지 않는다. 나의 투자성향에 맞는 상품을 골라야 하는 것만큼 나의 인생 재무 목적에 맞는 상품을 선택하는 것이 중요하다.

소모적인 저축의 대표적인 사례 중에 소모적인 절세라는 것이 있다. 다음 내용을 살펴보고 세금과 관련해서도 현명한 절세를 하려는 노력이 필요하다.

- **맞벌이 부부의 보험** | 보장성보험료의 소득공제는 연간 100만 원을 한도로 하며 반드시 계약자 및 피보험자가 근로자 본인 또는 부양가족이어야 한다. 근로소득금액이 각각 100만 원을 초과하는 맞벌이 부부의 경우 서로 배우자의 부양가족이 될 수 없으므로 남편이 계약자, 아내가 피보험자 또는 그 반대의 보장성보험 계약에 대해서는 두 사람 모두 연말정산 시 소득공제 혜택을 받을 수 없다. 따라서 이런 경우에는 빨리 본인을 계약자로 변경할 필요가 있다.

- **장기주택마련저축** | 주택마련저축 중 특히 장기주택마련저축을 소득공제용 상품으로 많이 활용하는데 불입액의 40%를 소득공제 받을 수 있다는 데 너무 치중한 나머지 한도인 분기별 300만 원을 모두 불입하는 경우가 종종 있다. 물론 7년 이상 불입 시 비과세라는 혜택은 있으나 공제한도가 연간 300만 원이므로 다른 공제 대상 주택자금이 없다

면 소득공제 혜택을 받을 수 있는 최고 불입액은 연간 750만 원, 월평균 62만 5천 원이다. 그리고 이 혜택도 2012년 말까지라는 사실을 기억하자.

- **연금저축** │ 연금저축은 소득공제와 은퇴준비라는 두 마리 토끼를 잡을 수 있는 유용한 상품이다. 반드시 소득공제를 받고자 하는 본인 명의여야 하며, 연금 수령 시 과세가 되므로 현재 과표가 큰 사람일수록 절세 및 과세 이연의 효과가 클 수 있다. 연금저축은 퇴직연금의 본인 기여금(본인이 추가로 불입하는 금액)과 합산하여 연간 300만 원(월평균 25만 원)을 한도로 불입액 전액에 대해 소득공제 혜택이 있는데, 연간 300만 원을 초과하여 불입하는 금액에서 발생되는 이자에 대해서도 연금 수령 시 과세가 된다. 만약 연간 300만 원을 초과하여 불입하고 있다면 그 초과액에 대해서는 어차피 소득공제 혜택이 없으므로 비과세 연금으로 준비하는 것이 현명하다.

- **신용카드 사용액 소득공제** │ 신용카드 사용액에 대한 소득공제 혜택은 얼마나 될까. 종종 소득공제 혜택을 핑계 삼아 신용카드로 쉽게 소비하는 경향이 있는데 결론적으로 말하자면 소득공제 혜택보다 한 번 쇼핑을 참는 것이 절약의 측면에서는 더 클 수 있다. 신용카드 사용금액에 대한 소득공제는 총급여의 25%를 초과하는 부분에 대해서 20%(직불카드나 선불카드는 총급여의 25% 초과분에 대해 25%)를 300만 원 한도로 한다. 예를 들어 연봉 3,500만 원인 근로자가 신용카드를 사용하여 1,500만 원을 사용하였다면 625만 원(총급여의 25%를 초과한 부분)의 20%인 125만 원을 공제받을 수 있으며, 6%의 세율이

적용된다고 가정할 경우 주민세 포함 82,500원으로 절세액은 신용카드 사용액의 0.55%에 불과하다. 따라서 신용카드 사용액 소득공제는 신용카드 사용의 편의성과 필요한 지출에 대한 활용을 통해 얻어지는 부수적인 효과로 인식해야 할 것이다.

이와 관련해서 절세를 위한 금융상품을 살펴보면 〈표 8〉과 같다. 금융상품 가입을 통해서만이 아니라, 과세표준과 세액계산 방법을 알고 이를 연말정산 등에 활용하는 것을 통해서도 절세를 할 수 있다. 이에 대해서는 이 책의 끝부분에 부록으로 실은 '근로소득자의 과세표준 및 세액계산' 편을 참고하기 바란다.

〈표 8〉 절세를 위한 금융상품

구분	금융상품	특례 요건	지원 내용
비과세 저축	생계형 저축	• 60세 이상의 노인, 장애인, 독립유공자, 상이자, 5·18민주화운동 부상자, 기초생활수급자, 고엽제후유증 환자 • 1인당 3,000만 원 이하	• 2011년 12월 31일 이전 가입분 이자·배당소득 비과세
	장기주택마련 저축	• 만18세 이상의 세대주로서 무주택자 또는 1주택소유자(전용면적 85㎡ 및 3억 원 이하) • 분기당 300만 원 이하 • 7년 이상	• 2012년 12월 31일 이전 가입분 이자·배당소득 비과세
	조합 등 예탁금	• 만20세 이상의 거주자로서 농민·어민, 농협 등의 조합원·회원 • 3,000만 원 이하	• 2012년 12월 31일까지 발생된 이자소득 비과세
	농어가 목돈 마련 저축	• 농민(2㏊ 이하 경작) • 어민(2t 이하 어선 소유) • 연간 144만 원 이하 3~5년 저축계약	• 2011년 12월 31일 이전 가입분 이자소득 비과세
근로 소득세 세금 공제 저축	연금저축	• 연간 불입액(연간 300만 원 한도)을 소득공제	• 연말정산 시 소득공제
	주택마련저축 (청약저축 등)	• 저축액의 40%(연간 300만 원 한도)를 근로소득금액에서 공제(무주택세대주 등)	• 연말정산 시 소득공제
비과세 보험 차익	장기저축성 보험	• 2003년 12월 31일 이전 계약: 최초 납입일로부터 만기일(중도해지일)까지의 기간이 7년 이상 • 2004년 1월 1일 이후 계약: 최초 납입일로부터 만기일(중도해지일)까지의 기간이 10년 이상	• 보험차익 비과세 • 제외 사유: 피보험자의 사망, 질병, 부상, 기타 자산의 멸실 등으로 인하여 받은 보험금이 아닐 것
저율 과세 저축	세금우대 종합저축	• 금융회사가 취급하는 적립식 또는 거치식 저축으로서, 가입 당시 저축자가 세금우대 적용을 신청 • 가입기간 1년 이상 • 60세 이상의 노인, 장애인, 독립유공자, 상이자, 5·18민주화운동 부상자, 기초생활수급자, 고엽제후유증 환자는 3,000만 원 한도 • 20~60세는 1,000만 원 한도	• 이자·배당소득에 대해 9% 과세 • 2011년 12월 31일까지 가입분

(출처: 국세청)

04

생산적 저축
미래를 지탱해줄 튼튼한 토대

생산적 저축이란 무엇인가

앞에서 소모적 저축에 관해 이해했다면, 생산적 저축에 대해서도 유추하기가 어렵지 않을 것이다. 생산적인 저축이란 안정적인 저축을 통해 자산을 조금씩 불려나가는 것이다. 물론 자신에게 가장 적합한 상품을 찾아서 저축하는 것이며, 물가상승률과 현 시점의 금융환경을 고려해 지혜롭게 저축하는 것을 일컫는다.

생산적인 저축을 하는 사람들은 다소 보수적인 면이 있기는 하지만 지금까지 말한 재무설계의 취지에 가장 적합한 사람들이다. 단지 자산을 불리기 위한 목적으로 만들어진 재테크 기법과는 달리, 재무설계는 돈에 대한 두려움에서 벗어나도록 하는 것, 구차하지 않게 살 수 있도록 하는 것에 그 목적이 있다.

돈에 대한 두려움에서 벗어나는 것은 매우 중요하다. 흔히 재무설계 회사에서 컨설팅을 처음 받아본 사람들은 돈에 대한 막연한 두려움에서 벗어났다는 데 만족한다. 달리 예를 들면, 오랫동안 술 마시고 담배 피우고 스트레스 받는 생활을 하면서 건강이 언제 무너질지, 중병에라도 걸리지 않을지 막연하게 두려움을 갖고 있던 직장인이 가족이나 지인의 권유로 처음 종합검진을 받았는데, 건강에 아무 문제없는 상태는 아니지만 다행히 큰 병은 없고 앞으로 일정 기간의 투약과 생활태도 개선을 통해 건강하게 살 수 있다는 검진결과를 받았을 때의 기분과 유사한 것이다. 즉 종합검진이 건강에 대한 막연한 두려움에서 벗어나게 한다면, 재무설계는 돈에 대한 막연한 두려움에서 벗어나게 해준다.

비유하자면, 항아리에서 썩는 냄새가 진동하는데 뚜껑을 덮어두고 못 본 척해서는 결코 문제를 해결할 수 없다. 재무설계를 통해서 투명하게 자신의 자산부채 현황, 현금흐름 현황을 파악하고 대책을 세우는 과정에서 돈과 미래에 대한 막연한 두려움에서 벗어날 수 있다. 생산적 저축을 하는 사람들은 리스크에 대한 두려움이 남보다 많은 사람이다. 그렇다면 더욱 더 재무설계를 통해 두려움에서 벗어나야 한다.

또한 구차하지 않게 사는 것도 중요하다. 갖은 잔기술을 부려서 큰돈을 벌고, 부자로 떵떵거리면서 사는 것이 재무설계의 목적은 아니다. 충분한 설계와 대비를 통해 적어도 구차하지 않게 살 수 있도록 하는 것이 기본적인 목적이다. 그러기 위해서 가장 중심이 되는 대비책이 바로 생산적 저축이다.

요컨대 재무설계의 첫 단추가 소모적 지출을 통제하는 것이라면, 재무설계를 지탱하는 뼈대가 되는 것은 불안하지 않은 현재와 구차하지 않은 미래를 위한 생산적 저축이라고 할 수 있다.

생산적 저축을 위해서는 현재의 경제 상황을 읽어내는 지혜로운 안목과 혜안이 필요하다. 금리에 대한 기본적인 지식을 바탕으로 가장 적절한 상품이 무엇인지 스스로 판별할 수 있는 눈을 기르는 것이 중요하다. 그렇게 하기 위해서는 경제 신문이나 잡지 등을 읽으면서 자신만의 안목을 가져야 한다.

또한 경제에 관한 기초적 지식을 갖추는 것뿐만 아니라 여러 전문가들을 만나볼 필요가 있다. 금융상품 판매업자 중 일부 부도덕한 이들이 제공하는 잘못된 금융상품의 유혹에 빠지지 않기 위해서는 다양한 전문가들을 만나보고 이야기를 들으면서 자신만의 안목을 키워야 한다. 그 단계가 되어야 재무설계의 목적에 부합하는 생산적인 저축을 할 수 있다.

돈을 다루는 어떤 길도 쉬운 길은 없다. 그중에서 생산적인 저축은 경제 공부에 대한 성실성을 가장 많이 요구하는 길이라는 것을 잘 알아서 행동에 옮겨야 할 것이다.

사족일지 모르겠으나, 필자는 생산적 저축에만 열심인 분들이라도 생산적 지출 및 생산적 투자를 어느 정도 겸할 필요가 있다고 생각한다. 나중에 다룰 생산적 투자는 전반적인 경제흐름을 읽는 안목을 기르는 데 도움이 되고 삶에 활력을 불어넣을 수 있으며, 생산적 지출은 구차함을 넘어서 삶을 풍요롭게 만들 수 있으므로 반드시 고려의 대상으로 삼는 것이 좋다.

┌─ 부자로 가는 관문 ─
│ 도쿄대 교수이자 거부(巨富)였던 혼다 세이로쿠는 "그 누구도 저축이
│ 라는 관문을 통과하지 않고는 부자가 될 수 없다"는 말을 했다. 생산적
│ 저축을 통하지 않고서는 부자가 될 수 없다는 격언이다.
└─

생산적 저축의 실제

생산적 저축을 위해서는 다음의 네 가지 사안을 염두에 두어야 한다.

첫째로는 좋은 보험상품이다. 생산적인 저축을 하기 위해서는 좋은 보험상품을 효율적으로 가입해야 한다. 좋은 보험상품은 보험의 3대 메커니즘을 이해해야 선택할 수 있다.

먼저, 가족보장에 대한 내용이다. 사람들 대부분은 가정을 이루고 그 구성원이 됨으로써 책임감을 가지고 살아가게 된다. 가정의 주 수입원이 가장에게서 나온다면 가장의 책임감은 어느 구성원보다 더 클 것이다. 우리 인생에는 스스로 제어할 수 없는 위험들이 존재한다. 사망, 질병과 외부 충격으로 인한 장해 그리고 준비되지 않은 장수가 그것이다. 이런 위험 중 생계를 책임지는 가장이 가족에 대한 아무런 준비나 대책도 없이 예기치 못한 질병이나 사고로 가족 곁을 떠난다면 남은 가족은 치명적인 경제적 위협에 처하게 된다.

이때 가장이 그 자리에 '있든 없든' 남겨진 가족들에게 경제적인 도움을 줄 수 있도록 일반사망(질병사망과 재해사망 모두)에 대해 보장을 받는 것을 종신보험이라 한다. 종신보험은 평생보장 기능과 장기저축의 기능을 가지고 있는 상품이다. 보험기간이 정해져 있지 않고 피보험자가 어느 때, 어떤 원인으로 사망을 하든 일반사망보험금을 지급받는 것을 원칙으로 가입해야 한다.

일반사망보험금을 정확히 책정하는 것이 자산을 구성하는 중요 포트폴리오임을 인식해야 한다. 보험료가 싸다고 무턱대고 가입하다가는 위급한 상황에서 낭패를 볼 수 있다. 반드시 재해(상해)로 인한 사망보험금이 아닌 일반사망보험금으로, 현금흐름표상 1년 치 고정지출과 변동지출의 합(1년 치 총지출)의 5~6배 정도를 책정하여 가입하는 것이 바람직하다.

다음은 의료보장에 대한 내용이다. 사람의 신체에 급격, 우연, 외래의 사고로 인한 상해와 질병으로 인한 병원치료 시 발생하는 진단치료비, 입원비, 수술비, 생활자금 등을 보장하는 것을 의료보장이라 한다. 사회보험인 국민건강보험이 보장해주는 부분 이외의 의료비 부분을 책임져줄 수 있는 의료보장은 실손보험이라는 이름으로 손해보험사에서 판매되고 있으며 실손보장의 경우 보험금 지급으로 인한 이득금지의 원칙이 적용되기 때문에 중복보장이 되어 있지는 않은지 꼼꼼히 살펴보아야 한다. 치료를 받아야 할 때 돈 걱정 없이 자유롭게 치료받을 수 있게 도와주는 것이 의료보장이다.

마지막으로 생활보장에 대한 내용이다. 의료보장으로 처리할 수 없는 중증의 질병이 발생하면 의료비뿐만 아니라 생활비와 간병비 등이 필요하게 된다. 중증 질병의 경우 치료기간이 장기화될 수 있고, 휴직 및 실직으로 인해 자금사정이 악화될 가능성이 커진다. 이럴 때를 대비해 부채상환을 할 수 있도록, 간병비를 사용할 수 있도록, 장기 휴직 및 실직으로 인해 현금유입이 끊기는 것을 막을 수 있도록 생활보장을 받아야 한다. 생명보험사의 CI보험이 대표적인 생활보장 보험이다.

CI보험에 대해 예를 들어 살펴보면 다음과 같다. 우리 몸의 혈관 길이는 약 11만 킬로미터가 넘는다. 나이가 들면서 당뇨나 비만 등으로 인해 혈관 벽에 지방 침전물 등의 노폐물이 쌓여 혈관이 굳어지고 좁아져 혈액 흐름에 지장을 주게 되는데, 이때 생기는 침전물의 섬유덮개가 터져서 혈전이 되어 핏속을 떠다니다가 혈관을 막게 된다. 이렇게 피가 원활히 공급되지 못하는 질환을 어혈성 질환이라 한다. 어혈성 질환에 걸리면 각 장기나 조직으로 가는 혈액이 줄어들게 되고, 필요한 산소와 영양분의 공급이 차단되어 치명적인 질병이 생기게 된다. 혈관 질환이 뇌에 생기면 뇌졸중(뇌경색과 뇌출혈), 심장에 생기면 심근경색이 된다. 이런 질환은 서서히 진행되다가 급작스럽게 발병하는데, CI보험은 이럴 때 진단비, 생활비, 간병비 등을 보장해준다.

생산적 저축을 위해서는 둘째로 주택청약종합저축을 염두에 두어야 한다. 이는 내 집 마련의 첫걸음이다. 주택청약종합저축은 주택 실수요자의 청약 기회를 확대하기 위해 종전의 청약예금, 청약부금, 청약저축 이상 세 가지 상품을 통합한 것으로, 공공주택 및 민영주택에 자유롭게 청약할 수 있어 '만능통장'이라 불린다. 무주택 세대주 여부나 연령에 관계없이 누구나 1인 1계좌씩 가입할 수 있어 출시 한 달 만에 무려 583만 명이 몰리기도 하는 등 인기가 무척 높은 상품이다.

셋째로는 채권을 고려해야 한다. 생산적 저축을 위해서는 채권과 채권펀드를 잘 활용해야 한다. "최고의 투자는 자신의 돈을 잃지 않는 것이다"라는 워렌 버핏의 말처럼, 상대적으로 위험이 낮은 채권투자는 생산적 저축의 필수요소다.

채권은 수익률이 상대적으로 낮은 만큼 위험도 낮다. 하지만 고정적인 이자를 지급하는 은행의 정기예금과는 다르다. 채권은 유가증권으로 시장에서 거래를 하는 상품이다. 따라서 이자수익뿐만 아니라 매매차익도 생긴다. 2007년 8월 말부터 한국거래소에서 소매채권시장을 개설한 후 채권의 소규모 거래도 가능한 상태이며, 주식과 같이 HTS(Home Trading System)로 주문할 수도 있다.

채권의 수익구조는 일반예금과는 달리 이자수익과 매매차익을 합하여 계산한다. 이때 발생되는 이자수익에 대해서는 과세하지만 매매차익에 대해서는 과세하지 않기 때문에 세제혜택까지 노려볼 만하다. 채권은 이자지급 방법에 따라 이표채, 할인채, 복리채 등으로 나눌 수 있다. 채권은 경제 상황에 따라 큰 손해를 볼 수 있는 주식이나 주식형펀드와 달리, 만기까지 들고 있으면 확정이자와 원금을 받을 수 있는, 손해가 없으면서 기본적인 수익을 확보할 수 있는 안전한 투자상품이다.

채권투자는 주식보다 안전하고 은행이자보다 높은 수익을 얻을 수 있을 뿐만 아니라 세금까지 저렴하기 때문에 생산적 저축을 위한 상당히 매력적인 수단이다. 하지만 지급보증을 하지 않는 회사채의 경우 종목을 잘못 고르면 원금손실의 가능성도 있다. 반면에 위기에 있던 기업의 회사채를 싸게 구입해놓으면 기업이 기사회생했을 때 높은 수익을 얻을 수도 있다.

채권투자를 좀 더 쉽게 하고자 한다면 채권펀드를 권한다. 채권펀드는 말 그대로 채권투자에 펀드의 구조를 더한 것으로, 주식에는 거의 투자하지 않으며 채권투자 비율이 60%를 넘고 나머지는 CD나 콜, 기업어음 등에 투자하는 상품이다. 시중금리가 고공행진을 할 때 채권펀드에 가입해 채권을 사고, 금리가 떨어지면 파는 전략으로 수익률을 올릴 수 있다. 금리와 채권가격은 반비례하기 때문에 금리와 채권가격의 '시소' 전략을 이용해볼 만하다.

넷째로는 원금보장형 ELS(Equity Linked Securities)가 있다. ELS는 원금보장을 하면서 수익률을 높일 수 있도록 만들어진 증권사 상품이다. 원금보장을 위해 금융회사에서는 원금의 상당 부분을 채권에 투자하여, 만기에 확정적인 원금보장 수단을 채권이자로 마련한다. 채권에 투자한 부분 이외의 나머지 부분을 파생상품에 투자하게 되는데, 파생상품은 특성상 'High Risk High Return'으로 여기서 고수익을 내준다면 전체 ELS의 수익률이 올라가게 된다. 만약 파생상품이 투자에 실패한다 해도 채권에 투자한 채권이자가 원금을 만들어주기 때문에 원금보장이 가능하도록 되어 있다.

ELS와 비슷한 상품으로 은행의 ELD(Equity Linked Deposits)가 있다. ELD는 ELS보다 수익률은 높지 않지만 예금자보호제도가 적용되어 원리금 합산 5,000만 원까지 보호받을 수 있다. 또한 증권사의 ELS에 상당 부분을 투자하는 자산운용사에서 만든 ELF(Equity Linked Funds)도 생산적 저축을 위한 좋은 방법 중의 하나이다.

예금자보호제도

상호저축은행의 예·적금 상품을 선택할 때 예금자보호제도를 알아야 한다. 예금자보호제도란 금융기관이 영업정지나 파산 등의 사유로 예금을 지급할 수 없을 때 예금자를 보호하기 위해 예금보험공사가 보험금 형식으로 예금자의 원금과 이자를 지급해주는 제도다. 원금과 이자를 합산하여 최고 5,000만 원까지만 보호해준다. 이 돈은 금융회사가 위험에 대비해 보험을 예금보험공사에 들어둔 것이라고 보면 된다.

이때 정확히 알아야 할 것은 1인당 보호한도인데, 1인당 보호한도는 각 금융기관별로 5,000만 원이다. 또한 가입 당시 금융회사가 제시한 원금과 이자금액을 모두 보호받는 것이 아니라 보호 대상이 되는 금융상품의 원금과 '소정의 이자' 금액을 합해 예금자 1인당 최고 5,000만 원이라는 것을 알아야 한다. 소정의 이자란 가입 당시 금융회사에서 약정한 이자와 시중은행 등의 1년 만기 정기예금 평균금리를 감안하여 예금보험공사가 결정하는 이자 중 적은 금액을 말한다.

생산적 저축의 솔루션

신용도가 높고 금리가 높은 상품을 갖추고 있는 저축은행이 많다 (2010년 저축은행법 개정으로 '상호저축은행'이라는 명칭을 '저축은행'으로 줄여 쓸 수 있게 되었다). 따라서 생산적인 저축을 하려면, 고금리 상품으로 저축은행의 예금과 적금 상품을 들어놓을 필요가 있다. 이를 위해서는 웹 브라우저에 저축은행중앙회 홈페이지(www.fsb.or.kr)를 즐겨찾기 해놓아야 한다.

저축은행중앙회 홈페이지에서는 저축은행만의 다양한 혜택을 알아볼 수 있다. 홈페이지에서는 목돈을 안정적으로 저축할 때 주어지는 세제혜택을 알 수 있으며 대출상품도 찾아볼 수 있다. 또한 전국의 수많은 저축은행 중 정기예금과 정기적금 이율이 가장 높은 곳은 어디인지 즉시 확인해볼 수 있으며, 해당 은행의 위치까지 검색이 가능하다.

저축은행중앙회 홈페이지를 즐겨찾기에 등록한 후 목돈이 생기거나 적금 계획이 서면 꼼꼼하게 살펴 최적의 상품에 저축해야 한다. 또한 시중은행과 거래를 충분히 하면 우수고객이 되어 유리한 점이 있으므로, 은행에서 제공하는 정보를 받아보면서 세제혜택이 우수한 저축상품이 있는지 알아보는 것도 좋다. 하지만 일방적인 상품설명 위주의 정보는 무용지물일 수 있으니 정보를 취사선택하는 것이 바람직하다.

저축상품을 올바르게 가입하기 위해서는 다음과 같은 사항들을 체크해야 한다. 첫째, 목적과 목표금액은 분명한가. 둘째, 목적을 달성하기 위한 기간 동안 현금유입(납입 여력)은 가능한가. 셋째, 중도에 발생할 수 있는 긴급 상황에 대비한 유동성(환금성)은 고려했는가. 넷째, 금융상품 선택 시 매뉴얼을 꼼꼼하게 살폈는가. 또한 안정적이라는 점만 가지고 올인하는 것은 좋지 않으며, 예금자보호제도를 감안해 적절히 회사별로 분산투자도 고려해야 한다.

한편 생산적 저축을 위해서는 자신이 현재 가지고 있는 잘못된 금융상품(특히 보험)을 리모델링할 필요가 있다. 금융상품을 리모델링할 때 유의할 점은 '매몰비용'은 과감하게 잊어야 한다는 것이다. 매몰비용(Sunk Cost)이란 말 그대로 이미 가라앉은 비용, 즉 이미 지출되었기 때문에 다시 쓸 수 없는(회수가 불가능한) 비용을 말한다. 매몰비용에 집착해서 불합리한 선택을 하는 것을 매몰비용의 오류라고 하는데, 뷔페식당에서 '본전 생각'에 배가 부른데도 계속 먹는 경우가 대표적이다.

지금까지 지불한 보험료가 아까워 보장 내용이 좋지 않은 보험을 계속 유지하려 든다면, 이 역시 매몰비용의 오류에 빠진 것이다. 합리적이고 경제학적인 선택은 재무설계에서 매우 중요한 부분이다. 보험 리모델링 역시 매몰비용을 과감히 잊어버리고 '새로운 기회비용'을 찾는 것임을 알아야 한다.

물론 보험가입을 할 때는 리모델링이란 명목으로 가지고 있는 보험을 무작정 갈아타는 우를 범하면 안 된다. 보장내용을 꼼꼼히 살피고 앞서 이야기한대로 가족보장이 충분히 되는 일반사망보장 위주의 종신보험인지, 치명적 질병에 걸렸을 때 치료비, 간병비, 생활비 등을 충분히 보장받을 수 있는 보험인지 살펴보아야 한다. 인생의 위험에 대비하게 위해 가입하는 보험이라면 어떠한 위험에도 대비할 수 있도록 빈틈없는 설계가 필요하다.

생산적 저축을 위한 현명한 보험상품 가입법

다음은 손해보험사의 상품을 중심으로 일반적인 내용을 정리한 것이다. 세부적인 내용은 보험회사의 상품 약관에 따라 다르므로, 보험사의 약관을 반드시 확인해야 한다.

보험에 대한 상담을 하다 보면, 고객들이 보험상품에 대해 오해하고 잘못 아는 부분이 정말 많다는 사실을 절감하게 된다. 물론 이는 가입 당시 상품에 대해 제대로 설명하지 못한 설계사들의 책임이 크다. 하지만 고객들도 책임이 있다. 약관은 고사하고, 상품에 대해 간단히 설명된 가입설계서나 청약할 때 작성하는 상품설명서도 읽어보지도 않고 계약을 하는 경우가 많다.

일반적으로 손해보험사를 통해 많이 가입하고 있는 소위 실손보험은 종합보험 또는 통합보험이라 불리는 상품으로 의료비뿐만 아니라 사망, 진단비, 운전자, 비용손해, 화재 등 40여개가 넘는 보장담보(특약)들로 구성된 상품이다. 특약이 워낙 많기 때문에 대부분의 고객이 상품의 내용을 제대로 알기가 쉽지 않다. 그러므로 고객들이 꼭 알아야 할 기본적인 원리를 살펴보고자 한다.

손해보험회사의 보장담보는 매우 많지만 크게 세 가지로 구분해볼 수 있다.

첫째, 사망보장이다. 사망담보는 크게 상해사망과 질병사망 두 가지로 나뉜다. 상해사망은 교통상해사망, 운전 중 교통상해사망, 주말 운전 중 교통상해사망, 업무 중 상해사망 등으로 세분화된다.

보험회사에서 정의하는 상해라는 개념은 외부에서 기인한 원인(외래적 원인)으로 인해 급격하고 우연한(예정된 것이 아니라 갑작스럽게 일어난) 사고로 인해서 신체가 피해를 입는 것으로 정의되어 있다. 그러므로 이 세 가지 요인으로 인한 상해가 아니라면 상해로 보지 않는다.

자살의 경우를 예로 들어보자. 어떤 사람이 건물에서 뛰어내려 자살을 했다고 가정해보자. 그 사람이 죽게 된 요인은 외부로부터 기인했다. 바닥에 닿는 순간 충격으로 인해 사망했을 수도 있고, 떨어지는 순간 심장마비가 일어났을 수도 있다. 그러나 우연한 사고는 아니다. 죽으려는 의지를 가지고 작정하여 뛰어내렸기 때문에 이것은 우연한 사고가 아니라 계획된 사고이기 때문이다. 그러므로 통상 자살은 상해사망으로 보상되지 않는다. 다만 심신상실 상태, 예를 들면 만취상태 또는 약물중독 상태나 우울증 등으로 인해 우발적인 자살행위가 있었다면 이는 보상이 될 수도 있다.

보장의 범위는 상해사망이 가장 넓고, 교통상해사망이 그다음(교통사고로 인한 상해만 보상), 운전 중 교통상해사망이 그다음(운전 중 교통사고 시 보상)이며, 주말 운전 중 교통상해사망(금 · 토 · 일 운전 중 사고 시 보상)이 가장 보장 범위가 좁다. 회사마다 약간씩 이름의 차이는 나지만 담보의 이름을 살피면 보장의 범위를 쉽게 유추할 수 있다. 그러므로 담보의 개수가 많은 보험이 좋은 보험인 것은 아니며, 보장 범위가 어떻게 설계되었는지를 보는 것이 가장 중요하다.

질병사망은 말 그대로 질병으로 인한 사망이다. 대부분 상해가 아니며 자살이 아닌 경우에 질병사망으로 간주된다. 잠을 자다가 사망하는 경우도 병원에서 사망진단 시에는 심장마비로 진단하는 경우가 대부분이므로, 상해와 자살로 인한 사망이 아니면 통상 질병사망으로 보아도 무방하다.

그렇다면 사망에 대한 보장은 왜 필요한 것일까. 이는 여러 가지의 목적으로 생각해볼 수 있다. 일반적인 이유는 갑작스런 소득상실에 의한 가족의 경제적 위협에 대한 대비, 사후 발생되는 각종 비용(장례비, 상속세 등)에 대한 대비이다. 그러나 최근 들어서는 상속의 수단으로 사망보험특약을 고액으로 가입하는 고객들도 있다. 그러므로 가장의 경우는 사망보장을 넉넉하게 가입해두는 것이 바람직하다.

둘째, 소득보상자금 특약들이다. 이 소득보상자금 특약들은 사고나 질병으로 인해 장기간 치료 및 요양이 필요하여 피보험자의 소득상실이 예상되는 사고들을 대비하기 위해 만들어진 담보들로, 특히 치료비가 많이 들고 치료기간도 긴 암, 뇌질환, 심질환 진단비, 상해 50% 이상 후유장해, 말기 간경화 진단비, 주요 장기이식 수술비 등이 여기에 해당된다. 이 담보들은 해당 사고가 발생되는 경우 수천만 원의 보험금이 지급되기 때문에 지급 사유가 발생할 경우 보험회사는 반드시 사고조사 등을 통해 도덕적인 해이가 있었는지 등을 면밀하게 살핀다. 따라서 보험금 지급은 통상 청구한 뒤 짧게는 2~3일, 길게는 한 달 이상이 소요된다.

면책기간과 제척기간이 있으므로 가입 시 각별히 주의해야 한다(제척기간이란 어떤 권리에 대해 법률상으로 정해진 존속기간을 말하며, 법정기간이 경과되면 그 권리는 당연히 소멸된다). 통상 암, 뇌질환, 심질환 진단비는 가입 후 90일 이내에 발생하는 사고에 대해서는 보험금을 지급하지 않으며, 가입 후 91일~1년 이내에 발생하는 사고는 가입금액의 50%만 지급하므로 이를 꼭 알아두어야 한다. 또한 암 진단비의 경우는 암의 종류에 따라 지급하는 금액도 차이가 있다. 갑상샘암(갑상선암)·기타피부암 · 경계성종양 · 상피내암이 발생했을 경우에는 가입금액의 20%만 지급이 된다.

암, 뇌질환, 심질환 진단비는 지급 사유가 발생해 진단비가 지급된 후에는 보장이 소멸되는 1회성을 가지고 있다. 그러나 갑상샘암을 비롯해 가입금액의 20%만 지급되는 질환이 발생해 보험금이 지급된 경우는 특약이 소멸되지 않는다. 그러나 가입금액의 100%(1년 미만 시 50%)를 지급받은 경우는 특약이 소멸되므로 그 후에 가입금액의 20%를 지급받는 질환이 발생했을 경우에는 보험금을 받을 수 없다.

소득보상자금 특약은 다른 특약들에 비해 보험료가 비싼 편이다. 그러므로 소득보상자금이 많이 필요한 가족 구성원(가장, 배우자) 등은 고액으로 가입해두는 것이 바람직하며, 경제적 수준이 높아지면서 계속 가입금액을 증액하거나 추가로 가입해가면서 갑작스런 소득상실에 대비해갈 필요가 있다. 그러나 처음부터 지나치게 고액으로 가입하게 되면 높은 보험료 부담이 생기므로 경제적 형편에 맞추어 조금씩 늘려가는 것이 좋다. 특히 암과 뇌질환, 심질환은 진단비와 치료비가 고액이고, 치료기간이 길며, 치명적이고 매우 흔하게 발생하는(이 세 질환의 사망률을 합치면 한국인 사망원인의 50%가 넘는다) 질환이기 때문에, 반드시 넉넉하게 가입해두는 것이 좋다.

셋째, 실손의료비 특약이다. 의료비는 이미 대부분의 고객들이 필요성을 공감하고 있는 담보 중 하나로 반드시 가입해야 할 필수 담보다. 그 종류로는 종합입원 · 외래의료비, 질병 · 상해 입원의료비, 질병 · 상해 외래의료비 등이 있다. 이 특약은 다른 담보와 달리 보상하

〈표 9〉 실손의료비에서 보상해주지 않는 사항

구분		개정	
주로 성행위로 전파되는 감염	A50(선천매독)~A64(상세불명의 성행위로 전파되는 질환)	부책(보상)	
정신 및 행동 장애	F00~F99(상세불명의 정신 장애) ※ 단, 치매(F00~F03)는 보장	면책	
치핵, 비뇨기 장애 및 직장 또는 항문 관련 질환	I84(치질), K60(항문 및 직장부의 열구 및 샛길)~K62(항문 및 직장의 기타 질환)	I84 K60~K62	국민건강보험업법상 요양 급여에 해당하지 않는 부분 (급여의 본인 부담금 보상)
	N39(비뇨기 계통의 기타 장애)	면책	
치아우식증, 치아 및 치주 질환 등의 치과 질환	K00(치아의 발육 및 맹출[이돋이] 장애)~K08(치아 및 지지구조의 기타 장애)	치과 치료에서 발생한 국민건강보험업법상 요양급여에 해당하지 않는 비급여 의료비(급여의 본인부담금 보상)	
여성 생식기의 비염증성 장애	N96(습관성 유산자)~N98(인공 수정과 관련된 합병증)	면책	
임신, 출산 및 산후기	O00~O99	면책	
선천성 뇌질환	Q00~Q04	면책	
한방 치료	입원 및 외래 시 급여의 본인부담금만 보상(비급여 의료비 면책)		
기타	성형, 비만, 미용(주근깨, 점, 여드름), 피로, 심신허약 안정 치료, 한약제 보약, 질병 원인이 아닌 신체검사, 인공수정 합병증은 면책		

지 않는 몇몇 사유들을 제외하고는 전부 보상을 하는 포괄주의 보상방식을 채택하고 있다. 따라서 다양한 질병·상해에 대해 매우 폭넓은 보상을 받을 수 있다는 큰 장점을 가지고 있고, 의료기관에서 지출하는 본인부담 의료비를 최고 90%까지 보상해주기 때문에 예기치 못한 각종 사고로 인한 가계 부담을 크게 줄일 수 있으며, 보험료도 저렴하여 꼭 가입해두어야 할 특약이다.

다만 의료비는 중복보상이 되지 않는다는 점을 주의해야 한다. 실손의료비는 보상원칙 내에 이득금지의 원칙 조항이 있다. 이는 고객에게 실제로 손실이 난 부분만을 보상하는 것이지 보상을 통해 고객에게 이득이 발생되지 않아야 한다는 것이다. 그러므로 의료비 특약을 중복으로 여러 개를 가입한 경우, 발생된 의료비를 각각 보상해주는 것이 아니라 총 의료비를 중복으로 가입된 보험사가 나누어서 부담하는 원칙을 가지고 있다. 그러므로 의료비를 중복 가입했다고 해서 보험금이 더 많이 나올 것이라는 생각은 잘못된 것이다. 물론 의료비를 여러 개 가입하면 보험금의 보상한도 총액은 높아지지만 그 외에는 이득이 없다. 그러므로 의료비 특약을 여러 개 중복 가입하는 것은 낭비가 될 수 있다. 또한 실손의료비에서 보상해주지 않는 사유를 알아두는 것이 필요하다. 실손의료비에서 보상해주지 않는 경우는 〈표 9〉를 참고하기 바란다.

05

소모적 투자

고수익에 눈먼 이카로스의 허튼 꿈

소모적 투자란 무엇인가

소모적 투자에 대한 정의를 내리기 전에, 인생의 위태로움에 대해 먼저 이야기하려 한다. 인생에는 참 많은 위험이 있다. 교통사고, 질병, 사랑하는 사람의 죽음, 믿었던 사람의 배신 등등…. 이러한 위험들을 우리는 피하거나 극복하려고 노력하며 살아가고 있다. 그리고 많은 경우에 이러한 위험들은 노력을 통해 이겨낼 수 있다.

그런데 자신의 내부로부터 발생하는 위험은 다르다. 인간의 어리석음과 욕망 등으로 인해 발생하는 통제 불능의 위험들 말이다. 자신으로부터 발생하는 위험의 가장 무서운 점은 불구덩이인 줄 알면서도 마음을 바꾸지 못해 뛰어들거나, 불구덩이라는 걸 알아차리는 판단의 사령탑이 고장이 나서 불구덩이인 줄 인식조차 못하고 뛰어들게 된다는 것이다. 인생의 여러 위험들 가운데 자신의 내부로부터 발생하는 위험이 가장 무서운 까닭이다.

소모적 투자 역시 마찬가지다. 사람들은 위험하다는 것을 알면서도 일확천금, 이른바 '대박'에 눈이 멀어 소모적 투자를 한다. 전문가들도 어려워하는 파생상품에 겁도 없이 뛰어들고, 소문에 혹해서 부실한 회사의 주식을 사들인다.

2010년 5월 해외에서 강연을 마치고 온 박현주 미래에셋 회장은 한 기자가 앞으로 주가 추이가 어떻게 될 것으로 예상하느냐고 질문하자, 그것은 신만이 아는 영역이라면서 대답하지 않은 바 있다. 다만 단기적으로는 변동성 장세가 지속될 것이고 수년간 적립식으로 장기투자를 하면 이익을 실현할 수 있을 것이라는 원론적인 대답을 했을 뿐이다.

원칙에 의한 투자가 아니면 이익을 실현할 수 없다. 수백 년 동안 이어져온 정석적인 투자원칙에 따르는 투자가 생산적 투자라면, 돈에 눈이 멀어 빅마우스들의 꾐에 넘어가거나 충분하지 않은 자본으로 레버리지를 이용한 투자를 하는 것은 소모적 투자이다.

다시 말해 소모적 투자는 여유자금이 아닌 자산으로 투자를 하거나, 높은 수익률에만 집착해 자신이 감당할 수 없는 하이 리스크를 가지고 투자를 하는 것이다. 소모적인 투자를 하는 분들에게는 투자가 아닌 복권이나 도박을 권하고 싶다. 물론 실제로 권하는 것은 아니다. 그만큼 위험하니 경각심을 가져야 한다는 말이다.

가치에 근거하지 않고, 심리를 이용한 단기투기매매와 같은 소모적 투자는 제로섬 게임에 가깝다. 오랫동안 그 회사의 주식을 보유하고 있는 것이 아니기 때문에 기업에도 실질적인 도움이 되지 않고, 자신의 이익실현이 심리게임에 이용당한 다른 사람의 손실로 이어진다. 미리 결정된 기간 안에 특정 상품을 일정한 가격으로 매매하는 권리를 사는 옵션거래나, 주식을 외상으로 사는 미수거래의 경우 위험천만한 손실을 야기할 수도 있음을 명심해야 한다. 하지만 뒤에서 다룰 가치투자, 장기투자와 같은 생산적 투자는 기업의 가치를 증대시키고 투자자도 그 과실을 나눠가질 수 있게 한다.

필자는 드라마나 영화에서 보는 것처럼 자신의 인생을 모두 걸고 올인하는 것이 가치 있는 삶, 멋진 삶은 아니라고 생각한다. 오히려 하루하루를 열심히 살아가는 것, 주위에 피해를 주지 않으면서 자신의 욕망을 통제하고 꿈과 이상을 차곡차곡 실현해나가는 것, 싸우지 않고 이기는 것, 용서하고 인내심을 가지고 사랑하는 것 등이 가치 있고 멋진 삶이라고 생각한다. 그리고 그것이 훨씬 더 어려운 일이라고 본다.

이러한 관점에서 바라보면 소모적 투자가 넓은 길이고 생산적 투자가 좁은 길일 수 있다. 뒤에서 다시 다루겠지만 생산적 투자를 하려면 큰돈을 빨리 벌고 싶은 자신의 욕망을 통제하고 충분한 여유자금이 생길 때까지 기다려야 한다. 그리고 다시 오랫동안 해당 업종과 업체를 분석하여 숨겨진 가치를 발굴해내고 그것이 실현될 때까지 장기적으로 투자를 해야 한다. 이러한 좁은 문을 통과해야만 생산적인 투자를 할 수 있다. 소모적인 투자보다 훨씬 어려운 것이다. 하지만 반드시 그렇게 좁은 길을 가야만, 소모적인 투자를 조장하는 사람들이 놓은 덫에 걸리지 않고, 실질적인 수익도 거둘 수 있으며, 자신의 삶도 가치 있게 가꿔나갈 수 있다.

소모적 투자의 실제

자신도 모르는 사이에 소모적 투자의 유혹에 빠지게 되는 경우가 많다. 가장 흔한 예로 짧은 기간에 고수익을 올리겠다는 유혹에 빠져 단기간에 사용해야 할 목돈을 펀드나 주식에 투자하여 낭패를 보는 것이다.

펀드는 기본적으로 평균매입단가를 낮추는 전략에서부터 시작한다. 하지만 목돈을 일시금으로 투자하게 되면 투자 당시의 가격이 매입단가가 되어버린다. 가격이 올라가면 이익이지만 만약 가격이 떨어지면 원금의 상당부분을 손해 보는 복불복의 상황이 발생하게 된다. 또한 돈이 필요한 시점에 떨어진 수익률로 인해 필요한 자금을 융통할 수 없어 그 부분이 대출로 이어지게 되어 이자비용까지 지불하게 되는 경우도 많이 목격하게 된다.

딸의 결혼자금에 보태기 위해 투자에 나섰다가 큰 손해를 본 다음 사연은 소모적 투자에 대해 경각심을 일깨워준다.

50대의 여성 한 분이 어느 날 금융기관을 찾았다. 1년 후 결혼하는 딸을 위해 매월 100만 원씩 모아 결혼자금에 도움을 주겠다는 생각에 서였다. 담당 직원은 1년 만기 적금보다 큰 수익을 안겨줄 수 있는 특판 상품이 있는데, "지금까지 수익률이 어느 상품보다 높은 단기투자 상품이다"라며 가입해보라고 권유했다. 이 여성은 직원의 말을 믿고 종잣돈 1,000만 원을 일시에 넣고, 월 100만 원씩 불입하는 방식으로 해외 적립식펀드에 가입했다.

시간이 흘러서 어느덧 딸의 결혼식 날짜가 다가와 금융기관을 방문한 여성은 자금을 찾으려 했지만 해당 펀드는 무려 −30%의 손실을 본 상태였다. 짧은 투자기간에 높은 투자수익을 올릴 수 있다는 유혹에, 종잣돈 1,000만 원과 월 100만 원씩 1년간 불입한 1,200만 원을 합해 총 2,200만 원의 투자원금 중 약 700만 원에 달하는 손실이 난 것이다.

회사를 상대로 항의해봤지만 소용이 없었다. 가입 당시 투자수익에 대한 모든 책임을 지는 것에 동의했으며, 상품설명서의 주요 내용에 대해 확인하고 원금손실 위험성에 대해 안내받았기 때문이었다. 시간을 두고 지켜본다면 손실 난 부분을 회복할 수 있다는 설명을 들었지만, 코앞에 닥친 딸의 결혼식이 문제였다. 결국 이 여성은 당장 돈이 필요했기에 울며 겨자 먹기로 펀드를 해지하고 필요한 나머지 돈을 충당하기 위해 대출까지 받을 수밖에 없었다. 단기간에 높은 수익률을 올리겠다는 욕심으로 인해, 원금을 크게 손실 본 데다, 뜻하지 않은 대출로 이자비용까지 물게 된 것이다.

몇 년 전부터 인기몰이를 하고 있는 변액유니버설보험도 소모적 투자가 되는 경우가 적지 않다. 주식·펀드의 비중이 높은 변액유니버설보험은 저축형 상품이 아니라 명백히 투자형 상품이다. 단기적인 재무이벤트에 대비하기 위해서는 변액유니버설보험이 적합하지 않다는 이야기는 앞서 소모적인 저축에 관해 이야기하면서 언급한 바 있다. 그러나 실제로는 10년이 안 되는 기간에 발생할 수 있는 재무 이벤트에 대비해 변액유니버설보험에 가입하거나, 의무납입기간을 납입기간으로 잘못 생각하고 변액유니버설보험의 투자기간을 짧게 생각하는 경우도 빈번하다.

변액유니버설보험은 물론 장점이 많은 상품이다. 이 상품은 10년이상 유지할 경우 발생하는 보험차익에 대해 비과세혜택이 주어지며, 주식과 채권의 매매차익으로 수익을 주는 실적배당형 투자상품이다. 또한 그 안에 보장의 기능까지 겸비하고 있는 일석다조의 금융상품이다. 하나의 상품에 리스크 정도가 다른 여러 가지 펀드가 결합되어 있고, 이들 펀드 간의 펀드 변경이 가능하여 수익률을 제고하고 원금손실을 최소화할 수 있는 상품이다. 또한 현금 유동성을 위해 출금과 추가납입이 가능하도록 장치가 되어 있고 일정 요건이 갖춰지면 연금으로 전환할 수 있는 첨단화된 상품이다.

하지만 보험회사에서 펀드 변경을 해주는 게 아니라 가입자가 직접 시장 상황을 보고 펀드를 변경해야 한다. 전문가의 조언을 받아 펀드 변경을 시기적절하게 한다면 수익을 제고할 수 있다. 하지만 펀드변경을 때에 맞게 적절하게 하는 고객을 많이 만나보지 못했고, 가입 후에 컨설턴트의 사후관리가 잘 되지 않아 가입 당시의 상품 설명만으로 그냥 묻어두는 소모적 투자를 하는 경우가 많다.

변액유니버설보험을 소모적인 투자에서 건져내기 위해서는 시장 상황에 맞는 펀드 변경과 10년 이상의 장기 적립식투자의 승률을 믿고 투자해야 한다. 또한 투자상품으로 활용이 가능하지만 본질은 보험 상품이라는 인식을 해야 할 것이다.

대박의 꿈이 쪽박으로

소모적 투자의 실제 사례를 좀 더 구체적으로 들어보고자 한다. 소모적 투자의 유혹과 인간의 욕망이 결합하면 어떻게 돌이킬 수 없는 상황을 낳는지 볼 수 있을 것이다.

오후 2시쯤 시작된 상담은 저녁 7시가 넘어서까지 계속되었다. 50대 중반 여성인 K씨는 자신이 얼마나 힘겹게 돈을 모았고 지금까지 사는 게 얼마나 힘들었는지를 설명하느라 시간가는 줄도 모르는 것 같았다. K씨는 공무원 생활을 하면서 무위도식하는 남편 봉양하고 자식들 교육시켜가면서 억척스럽게 돈 5억 원을 모았다. 5억은 지금 살고 있는 집을 제외한 전 재산이었다. 그런데 그 돈이 지난 몇 달 사이 허공으로 사라져버렸다. 그동안 주식투자로 망하는 사람을 수없이 보아온 필자로서는 처음 몇 분간의 이야기만으로 금세 자초지종이 머릿속에 그려졌다.

K씨는 어느 날 남편에게 솔깃한 이야기를 들었다. 남편이 친한 친구로부터 모 회사 주식을 조금만 사보라는 투자 권유를 받는데, 이야기를 전해 들으니 귀가 쫑긋할 만한 것이었다. 다른 사람에게는 절

대 비밀로 하고 시험 삼아 아주 조금만 투자해보라는 남편 친구의 권유에 우선 2,000만 원을 투자했다. 2,000만 원어치 매수한 주식은 2주일쯤 지나자 평가액이 2,500만 원으로 올랐다. 주식투자를 처음 해보는 K씨는 신바람이 났다. '세상에, 이렇게 쉽게 돈 버는 방법이 있었다니……' 그 동안 정말 바보처럼 고생했다는 생각이 들었다.

남편의 친구는 계속 정보를 주었고 그럴 때마다 투자를 하는 족족 돈이 불어났다. 서너 달이 지난 어느 날, 남편의 친구는 이제 대형 호재가 발표되기 직전이니 목돈을 투자해보라고 했고, K씨는 여기저기서 남의 돈까지 끌어다가 모 회사 주식에 투자했다. 내심 돈이 너무 빨리 불어나 약간 의심이 들기도 했지만, 이번을 마지막으로 크게 투자하고 발을 빼야겠다는 생각을 했다고 한다. 그리고 드디어 올 것이 왔다. 해당 종목은 며칠간 하한가를 치면서 무섭게 곤두박질쳤다.

K씨가 필자를 찾아왔을 때는 이미 투자금액의 80% 정도를 날린 시점이었다. 필자와 K씨 사이에 오간 대화는 다음과 같았다.

"제가 만약 같은 상황에 처했다면 지금이라도 그 주식을 처분해서 남은 금액이라도 건지겠습니다. 사실 내일의 주가는 아무도 모릅니다. 그렇지만 처음부터 고의적으로 주가를 조작하는 회사의 주가가 회복할 가능성은 거의 없다고 보시면 됩니다. 당장 결정하기 어려우시다면 시간을 내서 회사를 직접 찾아가 보세요. 회사 직원의 이야기를 한번 들어보고 다시 저와 상의해도 좋습니다."

"제가 지금까지 어떻게 살아왔는데 그 돈을 그냥 날립니까. 살아오면서 마음먹고 해서 뭐든지 다 해냈어요. 주식이라고 안 되겠어요? 집이라도 팔아서 어떻게든 잃은 돈을 찾아야지요."

"그러시다면 제가 사람을 소개해드릴게요. 아는 사람 중에 주식투자를 하다가 그야말로 알거지가 된 사람이 몇 사람 있지요. 그 사람들이 지금 어떻게 살고 있는지 보여드리지요."

소 모 적 투 자 의 솔 루 션

아름다운 풍경화가 탄생하기 위해서는 작가가 바라보는 멋진 풍경과 훌륭한 스케치 그리고 섬세한 붓 터치와 색감의 조화가 있어야 한다. 아름다운 돈이 탄생하는 것도 마찬가지다. 투자에 성공한 사람 또는 성공적인 재무전략을 위한 가이드, 즉 머니 멘토가 있어야 하고, 내 인생의 재무목표가 뚜렷하게 그려져 있어야 한다. 근시안적인 재테크나 일확천금의 유혹에서 벗어나, 작가의 눈처럼 내 인생을 바라보고 전체를 조망할 수 있는 능력을 가져야 한다.

멋진 스케치를 하듯 내 인생의 라이프사이클을 스케치하고, 그 안에서 인생의 재무목표를 설정하고, 설정된 목표별로 투자기간을 단기·중기·장기로 나누어 어떤 용도로 사용할 돈인가에 대해 깊이 생각해본 후, 투자기간과 투자성향에 맞게 금융상품을 선택하여 포트폴리오를 구성해야 한다. 투자기간에 따라 금융상품의 선택 폭이 달라진다는 점을 염두에 두고, 투자기간이 짧다면 리스크가 적고 유동성이 충분한 상품으로, 투자기간이 길고 여유가 있다면 물가상승

폭보다 높은 수익률을 설정하고 세제혜택과 자금계획 등을 면밀히 검토해야 한다.

소모적인 투자에서 벗어날 수 있는 또 다른 방법은 투자수익률의 노예가 되어 그것에만 초점을 맞추는 근시안적인 시각에서 벗어나 누구에게나 동등하게 주어진 '시간'이라는 가치를 깨닫는 것이다. 투자수익률은 한계가 있으며, 투자 가능한 금액도 사람마다 다르다. 하지만 시간이란 요소는 누구에게나 공평하게 주어진다. 자산을 형성하고 부자로 살기 위해서는 무엇보다 '시간의 가치'가 중요하다는 것을 강조하고 싶다.

거물급 펀드매니저 출신 투자 전문가 짐 크레이머(Jim Cramer)는 주식으로 부자가 된 사람이 많지 않은 이유는 돈을 벌 만큼 충분히 오래 투자하지 않았기 때문이라고 했다. 짧은 기간의 적금으로 부자가 된 사람이 없다. 또한 1~2년의 펀드투자로 돈을 많이 번 사람도 극히 드물다. 부자가 될 때까지 시간에 투자하는 지혜가 필요하다.

재테크가 아니라 재무설계다

소모적 투자의 함정에 빠지지 않기 위해서는 재테크와 재무설계를 구분할 줄 아는 안목이 필요하다.

재테크라는 용어는 '돈' 자체에 집중한다. 돈 모으기, 돈 불리기 등 다분히 자산증식을 위한 수익률 극대화가 최대 목표가 된다. 계획성보다는 일확천금이나 부화뇌동 격의 돈 불리기에 투자가 집중된다. 전쟁에 비유하면, 전략과 전술보다 무기에 집중하는 것이 재테크적인 사고라 할 수 있다.

그와 달리, 재무설계는 인생의 라이프사이클을 통해 개인의 수많은 재무 이벤트들을 스스로 나열하도록 하고 그중 우선순위로 삼아야 할 '재무목표'를 설정하여 이를 달성하기 위해 계획을 수립하고 실행 · 관리해나가는 지속적인 프로세스라 할 수 있다. 인생의 이정표 위에 드러나는 재무목표의 성공적인 달성을 위해 구체적인 로드맵을 그려나가는 과정이라 생각하면 된다.

재무설계를 위해서는 '구체적이고 실현 가능한' 재무목표를 설정해야 하고, 일정 시점의 자산부채현황표를 구체적으로 만들어 순자산을 정확히 파악해야 한다. 또한 일정 기간 동안의 현금의 유입과 유출을 현금흐름표로 작성하여 재무상의 문제를 파악하고 재무목표 달성을 가능하게 하는 재원을 파악해야 한다. 이렇게 파악된 재원을 바탕으로 재무목표 달성을 위해 자산배분 전략에 의한 분산투자를 원칙으로 효율적으로 관리하는 것이다.

재무설계는 단기 위주의 '투자전략'에서 벗어난 '시간'을 바탕으로 한 투자설계와 은퇴설계, 보험설계, 세금설계, 상속설계, 부동산설계 등을 종합적으로 포함하는 최첨단의 재무시스템이라 할 수 있다.

이 글을 읽는 독자라면 부디 한 그루의 나무만을 바라보는 근시안적인 재테크 시각에서 벗어나, 전체 숲을 조망할 수 있는 시각을 바탕으로 인생을 바라보고 인생에서 펼쳐지는 수많은 재무목표를 성공하기 위한 방법으로 재무설계를 선택하길 바란다.

06

생산적 투자

더 큰 결실을 가져오는 원칙과 정석

생산적 투자란 무엇인가

생산적 투자는 소모적 투자와 대립되는 개념으로, 투자의 원칙에 근거하여 장기적으로 가치투자를 하는 것을 말한다. 그렇게 해서 성장성 높은 산업이나 기업에게 기회와 이익을 주고, 자신도 물가상승률 혹은 생산적 저축이 가져다줄 수 있는 것보다 높은 이익을 실현하는 선순환 구조를 만드는 투자이다.

생산적 투자는 물론 생산적 저축보다는 높은 수익실현을 바라는 다소 공격적인 투자에 해당한다. 하지만 단기적이고 투기적인 이익을 목적으로 하지 않는다. 생산적인 투자는 주식시장의 평균수익률에 해당하는 7~8% 정도의 수익이나 그것을 약간 상회하는 수익률을 목표로 삼는다. 생산적 투자는 경제흐름을 읽는 안목에 따라서 상당한 수익을 가져다줄 수 있다. 그리고 생산적 투자를 위해 국내외 경제 환경이나 산업적인 트렌드를 공부함으로써 자신의 직업에도 플러스알파가 되는 지혜를 얻을 수 있으므로 일거양득의 효과를 거둘 수도 있다.

생산적 투자를 하는 많은 사람들은 풍문이나 단순한 언론 보도에 의존해 투자를 하지 않는다. 그들은 늘 경제신문이나 잡지 등을 정기 구독하고, 직접 발로 뛰면서 현장의 상황을 파악하고, 전문가들의 조언에 귀를 기울인다. 그렇게 해야만 언론 보도나 기업 재무제표에 드러난 사실 이면의 숨어 있는 진실을 읽어낼 수 있기 때문이다. 상당한 투자실적을 올리고 있는 생산적 투자자 중에는 자신이 투자하고 있는 기업에 자신의 아이디어가 담긴 제안서를 지속적으로 보내는 분도 본 적이 있다. 그 분을 보면서 '아, 이 사람은 정말 투자에 성공할 수밖에 없겠구나' 하는 생각을 했다.

이처럼 생산적 투자자는 자신이 투자한 기업에 확고한 주인의식을 갖고 있는 사람이다. 자신이 투자한 회사의 경영자들은 자신이 투자한 회사를 대리 경영을 하는 것뿐이라고 생각하는 것이다. 안타깝게도 주식투자와 펀드투자를 하는 사람들 중 상당수는 '어느 기업의 주식을 사는 것은 그 기업을 사는 것'이란 투자의 기본 개념을 간과한다. 많은 '개미 투자자'들은 주식시장을 단지 서류뭉치와 그래프가 오가는 공인된 도박쯤으로 간주한다. 직장생활만으로는 부자가 될 수 없기 때문에, 혹은 돈을 굴려서 남들보다 성공적인 재테크를 해야 하기 때문에 주식과 펀드를 시작하고, 그런 동기와 목적에서 끝내 벗어나지 못하는 경향이 있다.

주식투자는 도박이 아니다. 자산을 불리는 기본적인 틀은 자신의 업이 되어야 한다. 생산적 투자는 이러한 철학을 바탕으로 정석적으로 투자를 하는 것이다. 이 절의 뒷부분에서 다루게 될 전설적인 투자자들의 지혜 역시 오랜 기간 다듬어져온 투자의 정석일 뿐이다.

'주식투자는 나쁜 것'이라는 오해를 가진 사람들이 많은 것 역시 누가 주식으로 얼마를 벌었다느니 누가 주식을 하다가 패가망신 했다느니 하는 사례에 사로잡혀서, 주식투자를 시작하거나 그 때문에 아예 주식투자를 거들떠보지도 않기 때문이다. 하지만 두 가지 태도 모두 옳지 못하다.

제대로 된 생산적 투자는 사회를 건전하게 만든다. 단, 자신의 업에 든든히 발을 붙이고 선 상태에서 투자의 정석과 바른 철학을 바탕으로 투자해야 한다는 전제일 때 그렇다. 진심으로 그런 생산적 투자자들이 많아지기를 바라는 마음이다.

생산적 투자의 실제

생산적 투자를 위해서는 주식투자에 대해 올바로 아는 것이 중요하다. 워렌 버핏은 이렇게 얘기한 적이 있다. "주식투자는 간단하다. 뛰어난 기업의 주식을 내재적 가치보다 적은 대가를 치르고 사기만 하면 된다. 그런 뒤 그 주식을 영원히 소유하는 것이다."

당신이 회사를 하나 만든다고 가정하자. 회사를 만들고 경영하는 데 여러 가지 비용이 발생하게 된다. 원하는 사업을 펼치자면 일정 정도 이상의 자본금이 필요함은 물론이다. 이때 자본금이 부족하다면 금융권에서 대출을 받거나, 자본을 보태줄 동업자를 구해서 사업을 같이 하게 될 것이다. 하지만 공장도 짓고 연구개발도 해야 해서 더 큰 자본이 필요하게 된다면 그 정도의 자본금을 구하는 데는 상당한 어려움이 있을 것이다. 이때 당신은 필요한 자본금을 여러 사람들에게 투자하게 하고, 투자자들에게 회사의 가치에 대한 권리를 보장하는 유가증권을 발행하게 될 것이다. 이 유가증권이 바로 주식인 것이다.

이렇게 투자자에게 모집한 자금을 보태 회사를 경영하다 보면 기업의 실적이 좋을 때도 있고 나빠질 때도 있게 된다. 기업의 실적이 좋거나 좋을 것으로 전망될 때는 투자하고 싶어 하는 사람이 많아지는데, 발행된 주식 수는 정해져 있기 때문에 그럴 경우 주가가 올라간다. 반대로 기업의 실적이 나쁘거나 나빠질 것으로 전망될 때는 주가가 내려간다.

이렇듯 손해를 보든 이익을 보든 주식투자라는 것은 그 주식을 발행한 '기업에 대한 투자'이다. 하지만 많은 사람들은 주식을 사고팔면서 자신들은 기업을 사고판다는 인식을 하지 못한다. 주식을 산다는 것은 곧 그 기업을 산다는 것임을 알아야 한다.

주식투자에는 기본적 분석에 의한 투자와 기술적 분석에 의한 투자 두 가지가 있다. 기업의 가치와 주가의 관계를 중시하는 기본적 분석에 의한 투자는 기업이 가진 자산, 성장성, 기술력, 배당성향 등으로 판단한 기업의 가치보다 주가가 낮은 종목을 찾아내서 주식을 사고 기업가치만큼 주가가 올라가기를 기다리는 것이다. 기술적 분석에 의한 투자는 과거 주식의 가격이나 거래량, 차트 같은 자료를 이용하여 주가 변화의 추세를 발견해서 미래의 주가를 예측하여 투자하는 방법이다.

기관이나 외국인에 비해 정보력과 자금력이 부족한 개미투자자들은 주식시장에서 지속적으로 높은 수익을 올리기가 어렵다. 제 아무리 승률이 높은 데이트레이더(day trader)라고 해도 장기적으로 매일같이 수익을 올리는 경우는 거의 없다.

단타매매는 집에서 하는 카지노

"단타매매(day trading)로 생계를 유지할 확률은 경마장, 카지노 테이블, 비디오 포커에서 돈을 벌 확률과 비슷한 수준이다. 사실 나는 단타매매가 집에서 하는 카지노라고 생각한다." 저평가된 주식을 장기간 보유함으로 높은 수익을 낸 전설적인 펀드매니저 피터 린치(Peter Lynch)의 말이다. 단타매매의 낮은 승률과 각종 수수료, 세금 등을 감안하면, 장기투자를 하는 것이 바람직하다.

실제로 글로벌 금융위기가 시작된 2008년 10~11월 개인투자자들은 막대한 타격을 입었다. 불과 한 달 전만 해도 1400~1500선을 오가던 코스피지수는 10월 들어 1000선 이하로 곤두박질쳤고 11월에도 지수 1000선을 놓고 공방을 벌이며 불안정한 장세가 계속되었다. 〈표 10〉에서 보듯 그 과정에서 개인투자자들은 막대한 자금과 탄탄한 정

(단위: 백만원, 원, %)

△외국인				
종목명	금액	시작일	종료일	등락률
LG디스플레이	156,580	24,000	20,700	-13.75
유한양행	70,525	187,500	213,500	13.87
삼성증권	69,206	63,600	62,500	-1.73
삼성화재	53,772	168,000	193,500	15.18
LG화학	52,634	77,000	69,500	-9.74

△기관				
종목명	금액	시작일	종료일	등락률
현대모비스	256,269	74,900	32,000	-17.22
삼성전자	180,910	535,000	486,000	-9.16
POSCO	151,815	362,000	340,000	-6.08
삼성테크윈	119,999	26,800	29,650	10.663
KTF	101,640	26,950	28,500	5.75

△개인				
종목명	금액	시작일	종료일	등락률
하이닉스	254,495	10,800	7,410	-31.39
현대차	208,690	58,800	41,500	-29.42
LG전자	155,373	94,500	78,500	-29.42
기아차	127,824	10,700	7,000	-34.58
삼성전자	101,091	535,000	488,000	-9.16

※11월 3~28일 순매수 기준 ※등락률은 전월말 대비   (자료: 증권선물거래소)

보력을 가지고 있는 기관이나 외국인에 비해 손실이 매우 컸다. 특히 기관이나 외국인의 '팔자'(매도) 또는 '사자'(매수)와 정반대의 매매패턴을 보이며 급등락장에서 무차별적으로 손실을 입었다. 코스피지수가 최저 940선까지 내려갔던 2008년 11월을 보면 총 20일간의 거래일 동안 개인들이 기관 및 외국인과 엇박자를 보인 날은 무려 13일이나 된다. 기관 및 외국인이 코스피 시장에서 매도한 날 개인은 매수로, 반대로 기관 및 외국인이 매수한 날 개인은 매도로 각각 대응했던 것이다.

이와 같은 패턴을 보이는 것은 개인들이 국내외 경제지표 등 거시적 요인에 움직이기보다는 임기응변으로 대응하기 때문이다. 변화가 급격한 장세가 계속되면 투자심리가 급격히 위축되어 제대로 된 투자판단을 할 수 없게 된다.

개인투자자는 시장을 주도하는 기관이나 외국인들의 움직임과 이들이 참고로 하는 경제지표를 면밀히 살펴 시장에 대응하는 능력을 키워야 한다. 또한 단기매매보다는 개별 기업의 가치를 보고 오랫동안 투자할 수 있는 종목을 선택해 장기투자를 하는 것이 최고의 선택이라 할 수 있다.

생산적 투자의 솔루션

생산적 투자를 잘하려면 주식투자의 정석에 관해 알아둘 필요가 있다. 자신이 주식 직접투자에 나설 계획이 없더라도 알아두면 좋다. 주식투자의 정석은 다음과 같다.

첫째, 주식투자는 여유자금으로 하라. '주식 시세는 주식에게 물어보라'는 말처럼 누구도 미래의 주가를 정확히 예측할 수 없고 100% 성공하는 투자전략도 존재하지 않는다. 제아무리 고수라 하더라도 실패를 할 수 있는 이유다. 따라서 당장 사용해야 할 돈이나 빌린 돈, 전세금, 집을 사서 잔금을 치러야 할 돈, 결혼자금, 은퇴자금 등은 절대 주식투자를 해서는 안 되는 돈이다.

둘째, 수익과 손실의 가능성은 같다는 사실을 기억해야 한다. 주식투자는 시기와 종목을 잘 선택하면 수십 배 또는 그 이상의 수익을 올릴 수도 있다. 하지만 그만큼의 위험도 함께 존재한다. '50%의 수익을 기대한다 = 50% 손실을 입을 수 있음을 알고 있다'와 같은 공식이 성립한다. 고수익을 쫓다 보면 필연적으로 손실의 위험도 커진다는 사실을 명심하고 여유자금으로 공부하면서 투자해야 한다. 주식투자는 기본적으로 고위험 고수익 투자다. 높은 수익률을 원할수록 위험한 방법을 쓸 수밖에 없고, 정도가 심해지면 투자가 아니라 투기나 도박이 된다.

셋째, 미수와 신용매매는 지옥으로 가는 지름길이라고 해도 과언이 아니다. 직접 주식투자를 하는 사람들에게 미수를 통한 투자는 마약중독자들에게 마약과도 같은 것이라고 말할 수 있다. 미수를 사용해 성공한다면 원래 가지고 있던 돈만으로 투자했을 때보다 수익이 더 나겠지만 실패한다면 그만큼 손실도 더 커지게 된다. 워렌 버핏은 "무지와 빌린 돈을 합치면 아주 재미있는 결과가 나올 것이다"라고 했다. 부족한 정보와 미수거래는 폭탄을 몸에 묶고 불구덩이에 뛰어드는 꼴이나 다름없다.

넷째, 나누어 사고 나누어 팔아라. 아무리 뛰어난 투자자라 해도 주가의 저점과 고점을 정확히 예측할 수 없기 때문에 여러 종목을 여러 번에 걸쳐 사고파는 분할매수와 분할매도를 권한다. 주식초보들은 주식을 사거나 팔 때 한 종목에 몰아서 투자하는 경우가 많다. 한 번에 사들인 주식이 끝없이 하락하거나 한꺼번에 판 주식이 곧바로 상승을 시작하여 가슴을 치며 후회하는 경우를 주위에서 많이 목격하게 된다.

다섯째, 경제 상황을 보면서 잘 아는 업종과 기업에 투자하라. 추천 종목 몇 가지로 고수익을 얻겠다고 마음먹었다면 당장 직접투자를 접어야 한다. 사업이든 주식투자든 모르는 분야에서 성공하기는 어렵다. 자신이 잘 아는 업종과 기업의 사업 아이템과 본인의 피부로 느껴지는 경제 상황을 예의주시하면서 신중하게 투자하는 것이 주식투자 성공의 지름길이 된다.

여섯째, 투자 전문가가 아니라면 간접투자를 권한다. 주식투자를 하는 방법은 직접투자와 간접투자로 나눌 수 있다. 직접투자는 투자자가 직접 나서서 투자할 대상과 매매 타이밍을 잡는 것이다. 간접투자는 자산운용 전문가가 개인투자자들의 돈을 모아서 유가증권이나 채권 등에 대신 투자하는 것을 말한다. 수많은 투자자들이 거액의 자금으로 투자하기 때문에 효율적인 포트폴리오로 신중한 투자를 기대할 수 있으며, 투자자들은 적은 돈으로도 분산투자 하는 효과를 얻을 수 있게 된다.

투자 관련 책들이나 신문잡지 등을 통해 접하게 되는 전설적인 투자자들의 격언들 역시 마음속에 새겨둘 필요가 있다. 이들 격언에서 주식투자를 넘어 생산적 투자에 대한 깨달음을 얻을 수도 있기 때문이다. 다음은 투자 거물들의 대표적인 격언들이다.

- "10년 보유하지 않을 주식은 10분도 보유하지 마라"(워렌 버핏) | '오마하의 현인(賢人)' 워렌 버핏이 장기투자의 중요성을 강조한 격언이다. 단기적 시장흐름이나 경제 상황, 트렌드에 연연해 잦은 매매를 해서는 안 되며, 긴 안목으로 기업의 가치를 산다는 생각으로 주식투자를 하라는 이야기다. 그는 실제로 가치투자, 장기투자를 통해 세계적인 거부가 되었다. 코카콜라 주식에 투자하면서 "평생 팔지 않겠다"고 공언한 일화는 유명하다.

- "정보를 얻었다는 것은 종종 망했다는 뜻이다"(앙드레 코스톨라니) | 유럽의 전설적인 투자자 앙드레 코스톨라니의 이 말은 주식정보와 관련해 우리가 빠질 수 있는 착각을 꼬집는다. '나만 알고 있다'는 말은 '나만 지금까지 모르고 있었다'는 말과 같다. 세상에 나만 아는 주식정보는 없다. "이미 당신이 알고 있는 정보는 주가에 반영되어 있다. 절대 그 정보를 혼자만 알고 있다고 착각하지 마라"는 존 템플턴의 이야기도 같은 맥락에 있다. "주식거래는 배우자를 선택하는 일과 비슷하다"는 벤저민 그레이엄의 말도 있다. 사랑에 눈이 멀어 현실을 외면하고 결혼할 수 없듯, 주식 역시 여러 요소들과 현실을 고려해 투자해야 한다는 것이다.

- "실적을 좋은 때도 있고 나쁠 때도 있지만 수수료는 영원하다"(존 보글) | 주식형펀드와 같은 간접투자 상품은 손쉽게 전문가에게 투자를 일임할 수 있다는 장점이 있지만, 대신 수수료가 들어간다. 또한 전문가들은 투자를 대신해줄 뿐 수익률을 책임져주는 것도 아니다. 인덱스펀드의 창시자인 존 보글은 "복리의 마법은 복리비용의 횡포 앞에서 무릎을

꿇는다"는 격언도 남겼다. 수익이 복리의 마법을 부리는 것처럼 수수료를 포함한 비용들도 그렇다는 말이다.

- **"때로는 투자하지 않는 것이 최고의 투자다"**(도널드 트럼프) │ 가장 성공한 부동산 투자자 중 한 명인 도널드 트럼프의 이 말은 가진 돈이 있을 때 무작정 덤비는 게 능사는 아니란 사실을 알려준다. 투자하기 좋은 때를 기다리는 것도 생산적 투자를 위한 한 부분이라는 것을 명심해야 한다.

- **"주식 때문에 잠을 잘 수 없다면 거기서 즉시 손을 떼라"**(앙드레 코스톨라니) │ 잘못된 정보, 나의 투자성향과 전혀 다른 투자, 기간을 고려하지 않은 목돈 투자로 인해 잠이 안 온다면 당장 그만두는 게 이롭다. "투자를 하기 전 자기 자신을 먼저 알아야 한다"는 월스트리트의 격언도 같은 맥락에 있다. 주식시장은 누구에게나 똑같지만 투자성향은 모두가 다르다.

- **"감당할 수 있을 만큼만 위험을 부담하고 의미 있는 만큼만 위험에 배팅하라"**(에드 세이코타) │ 투자와 위험은 동전의 양면이다. 리스크를 얼마나 잘 관리하는가가 투자의 성패를 가른다. 자신에게 맞는 투자처를 찾아, 감당할 수 있는 위험만큼만 투자해야 한다.

- **"태양이 뜨기 전 새벽이 가장 어둡다"**(증권가 격언) │ 주가는 사이클이 존재한다. 주가가 하늘 높이 치솟고 있다면 하락장이 다가오고 있다는 신호이고, 시장이 밑을 모르고 떨어져 비관론이 만연하다면 곧 상승장이 시작된다는 신호이다. 우리 인생도 마찬가지 아닐까.

- **"무릎에 사서 어깨에 팔라"**(증권가 격언) │ "생선의 머리와 꼬리는 고양이에

게 주어라"는 격언과 마찬가지로, 지나친 욕심을 버려야 한다는 말이다. 시세차익을 크게 남기겠다고 '바닥에서 매수, 꼭지에서 매도'를 노리다 보면 매수나 매도 기회를 놓치고 큰 손실을 입을 수도 있다는 교훈이다. "떨어지는 칼은 잡지 마라"는 격언도 유사하다. 주식을 최저가에 사겠다고 급격히 떨어지는 주식을 매수했다가 추가로 끝 모를 추락을 경험할 수 있다. 싸게 보인다고 무조건 달려들지 않도록 경계해야 한다.

• **"바보라도 경영할 수 있는 기업에 투자하라"**(피터 린치) | 주식투자는 기업에 투자하는 것이다. 화려한 신기술을 가진 겉만 번지르르한 기업에 현혹되지 않도록 유의할 필요가 있다. 내가 잘 알고, 실제 인간의 삶을 윤택하게 만들어줄 수 있는 아이템을 가진 이해하기 쉬운 기업에 투자하라. 그 기업의 성과가 당신을 부자로 만들어줄 수 있다.

지금까지 살펴본 투자의 거장들의 격언들과 함께 꼭 기억해두어야 하는 격언이 하나 있다. 바로 "죽는 것보다 더 죽고 싶은 것은 은퇴자금이 떨어진 뒤에도 살아 있는 것이다"라는 투자 격언이다. 죽음만큼, 오래 사는 것을 두려워해야 할 때다. 정부에서 발표한 직장인 평균 은퇴연령은 57세이다(2010년 3월 노동부 발표). 하지만 정년 보장이 되는 공무원 등을 제외하면 일반적인 직장인들의 은퇴연령은 그보다 더 빠르다. 게다가 국민연금 수령 연령은 현재는 만 60세부터이지만 점차 이연되어 2035년이 되면 만 65세가 되어서야 가능하다.

따라서 은퇴 이후부터 국민연금 수령이 시작되기까지 최소 10여 년

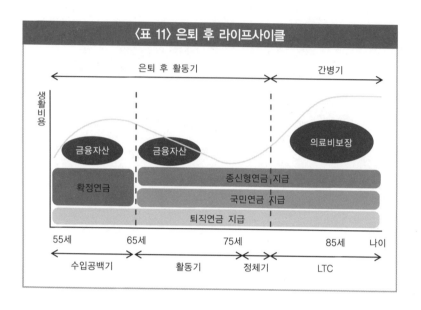

<表 11> 은퇴 후 라이프사이클

생활비용

은퇴 후 활동기 | 간병기

금융자산 | 금융자산 | 의료비보장

확정연금

종신형연금 지급

국민연금 지급

퇴직연금 지급

55세 | 65세 | 75세 | 85세 | 나이

수입공백기 | 활동기 | 정체기 | LTC

의 확정적인 수입 공백기가 존재하며 이에 대한 준비가 필요하다. 이 수입공백기는 어쩔 수 없이 은퇴는 했지만 건강상으로 크게 이상이 없고 활발한 활동을 벌일 수 있는 '활동기'여서 더 문제가 된다. 몸도 마음도 대외활동, 여가활동을 활발히 하기에 부족함이 없는데, 수입은 공백이 되기 때문이다.

또한 은퇴 후 '활동기'를 끝내고 '3일 앓다가 세상을 뜨면' 행복할 텐데 현실은 그렇지 않다. 평균수명이 늘어남에 따라 '회상기'도, '간병기'('간호의 시기')도 점점 길어지고 있다(현재도 평균수명은 80세를 웃돈다). 기본적인 생활비 외에 치료비, 투약비, 간병비도 필요한 기간이 길 텐데, 이러한 시기에 자금이 없다면 그 삶은 처절할 것이다.

재무설계의 꽃은 은퇴설계라 했던가. 인류 역사상 가장 위대한 수

학적 발견이라 칭찬받는 '복리의 마법'이 당신의 친구가 되어줄 것이다. 앤드류 카네기는 "부자의 인생에서 전반부는 부를 획득하는 시기이고, 후반부는 부를 분배하는 시기"라 했다. 투자를 계획하고 있다면 은퇴 이후의 삶을 위해 지금부터 시간에 투자해야 한다. 은퇴 이후의 삶을 대비하는 데 생산적 투자가 큰 도움이 될 것이다.

생산적 투자를 위한 펀드 활용법

펀드투자는 생산적 투자에서 가장 중심이 될 수 있는 투자다. 따라서 생산적인 펀드투자법을 좀 더 자세히 알아보는 것이 필요하다. 펀드는 기준에 따라 여러 가지 유형으로 나눌 수 있는데, 다음과 같다.

펀드는 우선 주식편입비율에 따라 주식형, 채권형, 혼합형으로 구분된다. 주식형펀드는 고객이 맡긴 자산의 60% 이상을 주식 및 주식관련 파생상품(주가지수 선물·옵션)에 투자하는 상품이다. 주식형펀드는 속성상 주식시장의 변동에 영향을 많이 받으므로 상대적으로 고수익을 기대할 수 있지만 동시에 원금손실의 위험도 크다. 채권형펀드는 주식에는 투자하지 않고 고객이 맡긴 자산의 60% 이상을 채권에 투자하는 상품이다. 채권형은 주식형보다 안정적이지만 수익률은 낮은 편이다. 혼합형펀드는 그 외의 펀드로서 주식편입비율에 따라 주식혼합형(주식편입비율 50~60%), 채권혼합형(주식편입비율 50% 미만), 기타혼합형으로 나뉜다.

주식형펀드는 다시 주식편입비율에 따라서 성장형, 안정성장형, 안정형 등으로 구분할 수 있다. 주식은 위험이 크므로 주식편입비율이 낮은 상품일수록 안정성이 높다고 할 수 있다. 성장형펀드는 주식편입비율을 70% 이상 유지하여 고수익을 추구하는 펀드를 말한다. 주가가 오르면 높은 수익을 얻을 수 있지만 주가가 떨어지면 원금의 상당 부분을 잃을 수도 있다. 주식편입비율 50% 내외인 안정성장형펀드는 성장형에 비해 주가상승 시 수익률 상승폭은 적지만 주가하락 시 수익률의 급격한 하락은 방지할 수 있다. 주식편입비율 30% 이내의 저편입 주식형이나 원금보존형 및 공사채형과 같이 원금손실 가능성이 거의 없거나 확정금리를 지급하는 상품을 말한다. 안정형펀드는 주식에 투자하는 액수가 적고, 나머지는 안전한 국공채나 회사채에 투자하기 때문에 원금손실 가능성이 거의 없는 대신 주가상승 시에는 성장형이나 안정성장형에 비해 수익률이 낮을 수밖에 없다.

펀드는 투자하는 방법에 따라 크게 적립식과 거치식으로 나뉜다. 적립식펀드는 매월 일정한 금액을 불입하여 평균매입단가를 낮추어 운용되는 방식이고, 거치식펀드는 목돈을 한꺼번에 투자한 다음 일정 기간 후에 환매하는 방식이다.

그 밖에도, 내용을 중심으로 펀드를 분류할 수도 있다. 금펀드, 부동산펀드, 천연자원펀드, 헬스케어펀드, 한우펀드, 와인펀드 등 별별 펀드가 다 있다. 지금도 수많은 펀드상품들이 출시되고 있다. 그 많은 펀드 중 어느 펀드가 좋은지 순서를 매기기는 어렵다. 그렇다고 모든 펀드들의 특성을 하나하나 살펴보고 가입하는 것도 힘들다. "백미러로는 미래를 볼 수 없다!"라는 피터 린치의 말처럼 '과거 수익률'만 가지고 가입하는 것 또한 매우 어리석은 일이다. 과거 수익률이 미래 수익률로 이어지는 것은 아니기 때문이다. 따라서 투자성향을 판단하여 펀드에 가입하는 것이 필요한 것이다.

한편 기간의 설정도 펀드투자에서 중요한 요소다. 현재 자신의 경제 사정을 감안하여 자금의 성격이나 크기 역시 고려해야 한다. 퇴직금으로 받은 2억 원을 은행에 넣어두자니 이자가 형편없고 사업을 하기에는 이렇다 할 아이템이 없어 고민하고 있는 사람이 있다고 가정하자. 매달 일정하게 나오는 연금이 준비되어 있는 사람이라면 상관이 없겠지만, 그렇지 않다면 우선 전체 자금의 50% 이상을 안전자산에 넣어두는 게 좋다. 나머지 50% 중 30%를 주식편입비율이 낮은 안정형펀드에 투자하되, CMA계좌에 예치하여 매달 일정액을 불입하여 평균매입단가를 낮추는 적립식투자를 권하고 싶다. 나머지 20% 중 10%는 주식성장형펀드에, 10%는 직접투자 또는 공격적 성향이 강한 펀드에 투자하는 것이 좋겠다.

투자금의 투자가능 기간에 따라 상품을 달리 선택할 수도 있다. 수시로 돈을 입출금해야 하는 투자자라면 MMF가 적절하고, 투자금을 3개월 이상 1년 미만으로 투자할 계획이라면 ELF가, 1년 이상 3년 정도 투자할 계획이라면 주식형펀드가, 그 이상이면 인덱스펀드가 적당하다. 7년 이상 장기 유지가 가능하다면 장기주택마련펀드, 연금펀드, 가치주펀드가 적절하며, 10년 이상 장기투자를 원한다면 변액유니버설보험(실제 많은 펀드들이 포함되기 때문에 장기투자를 한다면 펀드투자라고 보아도 무방하다)도 활용해볼 만하다.

펀드 선정과 리스크 관리

생산적 펀드투자를 위해서는 다음 사항들을 염두에 두어야 한다.

첫째, 자산운용사다. 펀드수익률을 우수하게 내줄 수 있는 운용 능력, 리서치 능력, 시스템을 갖춘 운용사의 펀드를 골라야 한다(최근 3년간의 누적 수익률을 찾아볼 필요가 있다). 펀드매니저보다 운용사가 중요하다. 잘 나가는 펀드매니저라 하더라도 운용사의 직원임을 간과해선 안되며, 펀드의 운용은 펀드매니저보다 운용사의 전략에 따라 달라진다는 점을 알아야 한다. 따라서 자산운용사의 투자철학, 운용 시스템, 펀드매니저들의 장기근속 여부 등을 따져볼 필요가 있다.

둘째, 펀드는 규모가 클수록 좋다. 펀드 설정액 100억 원 미만 펀드는 가급적 지양하고, 운용규모가 큰 자산운용사의 대표 펀드들을 선택하는 것이 유리하다. 펀드의 규모가 크다는 것은 분산투자가 잘 되어 상대적으로 위험이 낮아지고 대량주문 등으로 운용비용을 낮출 수 있기 때문이다.

셋째, 신생 펀드보다는 검증을 마친 오래된 펀드가 낫다. 1~2년간의 수익률로는 펀드의 진정한 가치를 평가할 수 없으므로 펀드를 평가할 때는 반드시 3년이 넘는 기간 동안의 수익률을 따져봐야 한다. 급변하는 증시에서 오래 유지되고 있다는 것은 그만큼 운용이 안정적이고 자금 면에서도 탄탄하다는 것을 뜻하기 때문이다.

넷째, 투자전략이 명확한 펀드에 투자해야 한다. 투자전략이 명확해야 시장상황에 크게 휘둘리지 않고 일관성 있게 펀드를 운용할 수 있기 때문이다. 예컨대 가치주펀드, 성장주펀드, 대형주펀드, 중소형주펀드, 국내펀드, 국외펀드 등과 같이 뚜렷한 투자대상을 정해놓고 장기간 투자하는 전문적인 펀드가 바람직하다.

그런데 다른 투자와 마찬가지로, 펀드투자를 할 때에도 리스크관리에 유의해야 한다. 펀드투자와 관련해 손실을 줄이려면 다음의 사항들을 염두에 두어야 한다.

첫 번째로 염두에 둘 것으로는 분산투자가 있다. 분산투자는 시간 분산투자, 지역 분산투자, 상품 분산투자로 나눌 수 있다. 우선, 투자는 시간을 분산하는 데서 손실을 줄일 수 있다. 시간을 분산하여 투자하기 위해서는 매달 일정액을 펀드에 불입하는 적립식투자를 활용하는 방법이 있다. 적립식투자를 하면, 주가상승기에 '주가가 하락했을 때 투자할 걸' 하는 후회를 하지 않아도 된다. 주가가 하락하면, 당장의 손실에 대한 걱정이 아니라 오히려 길게 내다보고 '싼값에 많은 주식을 살 수 있다'는 투자의 즐거움을 맛보는 여유를 누릴 수 있다. 적립식 시간 분산투자를 하면 주가의 상승과 하락 시에 일희일비하면서 스트레스를 받을 이유가 없어진다. 주가지수라는 것은 장기적으로 우상향을 그리기 때문에 이런 시간 분산투자를 장기간 했을 때는 안정적인 고수익을 맛볼 수 있다.

또 하나의 분산투자로는 지역 분산투자가 있다. 이는 국내시장과 해외시장을 적절한 비중으로 나누어 투자하는 것을 말한다. 해외시장에서도 분산투자를 할 수 있다. 특정 국가 하나만을 대상으로 투자하는 것이 아니라 인구구조와 산업발전 등을 고려하여 여러 국가에 분산투자하는 것이 유리하다.

분산투자의 방법으로 상품 분산투자도 있다. 흔히 상품 분산투자를 하는 사람들을 만나보면, 여러 운용사의 주식형펀드 상품을 가입한 것으로 자신도 분산투자를 하고 있다고 생각하는 경우를 종종 본다. 하지만 이 경우 운용사와 상품만 다를 뿐, 주식형펀드라는 점에서는 동일한 상품을 중복해서 가입한 셈이 된다. 운용사의 분산이 아니라 속성상 다른 상품들을 가입해야 제대로 된 상품 분산투자라고 할 수 있다.

손실을 줄이기 위해서는 두 번째로 펀드 포트폴리오를 염두에 두어야 한다. 단순한 분산투자를 이야기하는 것이 아니다. 펀드들 간의 상관관계를 고려한 후 상관관계가 높지 않은 펀드들로 다양하게 포트폴리오를 구성한다면 위험을 최소화할 수 있다.

손실을 줄이는 세 번째 방법은 변동성 낮은 펀드를 선택하는 것이다. 펀드투자에서 변동성을 나타내는 대표적인 지수는 표준편차와 베타(ß)가 있는데, 이들 수치가 낮을수록 해당 펀드는 변동성이 낮은 것이다. 표준편차와 베타가 낮은 펀드를 선택함으로써 보다 안정적이고 손실을 줄이는 펀드투자를 기대할 수 있다.

네 번째로는 인덱스펀드를 들 수 있다. 인덱스펀드는 주가지표(예컨대 코스피지수)와 동일하도록 포트폴리오의 종목과 비율을 구성하여 시장의 평균수익을 실현하는 것을 목표로 하는 펀드다. 인덱스펀드의 가장 큰 장점은 액티브펀드보다 보수가 저렴하다는 데 있다. 또한 종목을 교체하는 빈도가 낮기 때문에 보유 종목 매수에 따른 지급수수료가 저렴하여 총보수비용비율(TER)이 낮아지게 된다. 컬럼비아대 경영대학원의 마이클 모부신(Michael Mauboussin) 교수는 "어떤 펀드가 15년 연속 '시장'을 이길 확률은 22만 3,000분의 1이다"라고 말했다. 일반적인 액티브펀드가 인덱스펀드를 이길 확률이 그만큼 참담하고 기적에 가깝다는 의미이자 시장에 투자하는 인덱스펀드가 장기투자 시 안정적인 수익을 가져다줄 수 있다는 뜻이다. 우수한 펀드매니저와 운용사를 고르는 데 어려움을 느낀다면, 저비용으로 지속적인 평균수익 이상을 거둘 수 있는 속편한 인덱스펀드를 선택하는 것이 낫다.

끝으로 펀드 리밸런싱(Fund Rebalancing)에 대해 알아보는 것으로 이 장을 마무리하고자 한다. 새로운 펀드를 잘 선택하는 것도 중요하지만, 이미 가입한 펀드를 잘 관리하여 수익률을 높이는 것도 이에 못지않게 중요하다. 펀드 리밸런싱(포트폴리오 리밸런싱)이 필요한 이유다. 펀드 리밸런싱은 수익률을 제고하기 위해 보유한 펀드상품들을 재구성하는 것을 말한다. 예를 들어 기존에 보유한 펀드들 중 일부가 손실이 났다면 펀드들을 교체할 필요가 있다. 이때 손실이 난 펀드들의 수익률 추이를 비교해보고, 손실 회복이 장기화될 것으로 보이거나 회복 기미가 보이지 않는 펀드는 정리하고 조기에 회복될 것으로 기대되는 펀드로 갈아타는 것이다. 펀드 리밸런싱은 평소에도 필요하지만, 경제 침체기나 회복기에는 필수적이라 할 수 있다. 보유한 펀드 대부분이 손실이 났을 때, 옥석을 잘 가려내 리밸런싱을 하면 그대로 두었을 때에 비해 이후 전체 수익률에서 큰 차이를 낼 수 있기 때문이다.

리밸런싱을 할 때 주의해야 할 요소가 있다. 바로 '목표수익률에 대한 기준'을 투자성향과 경제 상황에 맞게 정하는 것이다. 장기 운용목 표에 의해 스스로 정한 기준에 따라 일반적으로 1년에 한 번 리밸런싱 을 하는 것이 바람직하다. 공격적인 투자성향을 지녔거나 투자금액이 큰 경우는 6개월에 한 번 리밸런싱을 할 필요가 있다.

물론 펀드 리밸런싱을 하면, 펀드 교체에 따른 수수료 부담이 있다. 하지만 리밸런싱 결과 펀드의 수익률이 적게는 5%에서 크게는 30%까 지 차이를 보이고 있다는 점을 감안한다면 펀드 리밸런싱 전략은 수익 률 제고와 변동성 축소를 위해 반드시 필요한 과정임을 명심해야 한다.

▬ 라이프사이클펀드로 노후설계를 똑똑하게 ▬

라이프사이클펀드(Life Cycle Fund; LCF)는 투자자의 연령에 맞춰 투자 비중을 조절해주는 장기 펀드다. 젊은 나이에는 주식이나 주식형펀드 에 비중을 높게 해서 투자를 하다가 시간이 갈수록 주식 비중은 줄이 고 채권과 현금의 비중을 높여 리스크를 줄이고 안정성을 높여간다.
라이프사이클펀드는 또한 일정한 시점에 포트폴리오를 조절해주는 목 표만기형과 투자자가 직접 포트폴리오 조절을 선택하는 적정배분형으 로 나눌 수 있다. 또한 운용방식에 따라 일몰형과 비일몰형으로 나눌 수도 있다. 일몰형은 앞서 본 것처럼 초기에 주식 비중을 높였다가 나 중에 채권과 현금 비중을 높이는 쪽으로 바뀌며, 그에 따라 수수료도 시간이 지날수록 줄어들게 되도록 운용된다. 비일몰형은 주식 비중을 조정하지 않고 연령대별로 고객을 특화하여 운용하는 것이다.
라이프사이클펀드는 연령이 높아질수록 자산을 안전하게 운용하면서 유동성을 확보해야 한다는 투자의 기본에 충실한 펀드다. 또한 노후를 대비하기에 최적화된 펀드다. 따라서 최소 10년 이상 투자한다는 계획 을 갖고 투자하는 것이 바람직하다.

잘 쓰고 잘 모으고
잘 불리는 법

01
재무설계의 기초

왜 재무전략인가

1998년, 삼성전자의 주가가 3만 2,600원이었던 적이 있었다. 그로부터 10년 후인 2008년 5월 삼성전자의 주가는 76만 원을 기록했다. 10년 만에 2,300%의 수익률을 보인 것이다. 물론 삼성전자 주가는 76만 원의 고점을 찍은 지 다섯 달 만인 2008년 10월, 글로벌 금융위기 여파로 증시가 폭락하면서 40만 3,000원까지 떨어진 바 있다. 그런데 당시 미래에셋 박현주 회장은 '100년에 한 번 올까 말까 한 절호의 투자 기회'라고 이야기했고, 이에 많은 네티즌들이 박회장을 비난하는 글을 올리기도 했다. 하지만 그때 삼성전자의 주식을 샀더라면 채 1년도 안 되어 투자금액이 2배로 늘어났을 것이다. 11개월 후인 2009년 9

월 삼성전자 주가가 80만 6,000원을 기록했으니 말이다(2010년 4월에는 사상 최고가인 87만 5,000원을 기록했다).

1998년에 투자금 1억 원을 가지고 한 사람은 수도권 소재 32평형 아파트를 분양받아 구입하고 한 사람은 삼성전자 주식을 매수했다고 치자. 두 사람은 현재 어떻게 되어 있을까. 전자의 경우 보유 아파트 시세가 약 4억 원이 될 것이다. 반면 후자의 경우 주식평가액이 약 25억 원에 달할 것이다. 아파트 대신 삼성전자 주식을 샀다면 '대박' 수준의 엄청난 수익을 올렸을 것이란 이야기다. 삼성전자 주식의 사례가 조금은 극적으로 여겨질 수도 있겠지만, 주식시장에서 그 정도의 시세 변화가 극단적인 것은 아니다.

이와 같이 주식은 큰 기회를 가져다줄 수 있다. 물론 실제로 그런 기회가 주어졌을 때 그게 기회라는 것을 알기는 무척 어렵다(또한 주식은 기회만큼 리스크도 크다는 사실을 잊어서는 안 된다). 따라서 항상 장기적인 비전과 목표를 가지고 투자를 해야 한다.

대표적인 증권사 20여 곳에서 2010년 증시를 예측한 자료를 살펴보면, 코스피지수 최저 1376포인트에서 최고 1903포인트까지로 변동폭이 매우 컸다. 이렇게 변동폭이 큰 장세에서 확실한 목표설정이 되어 있지 않은 사람들은 '과연 내가 이 시점에서 어떻게 해야 하는가' 하는 고민에 빠질 수밖에 없다. '아니, 주가가 3만 원일 때가 있었단 말야?' '지금 들어가면 너무 빠를까? 벌써 늦은 걸까?' 하면서 오락가락하는 것이다.

개구리가 어디로 튈지 모르는 것처럼, 주식도 어디로 튈지 모른다고들 이야기한다. 더구나 1300대에서 1900대까지 오가는 변동성 장세에서는 더욱 그렇다. 부동산도 마찬가지고 예금과 적금의 금리도 어떻게 될지 알 수 없다.

우리에게 재무설계가 필요한 것, 그리고 장기적으로 포트폴리오를 짜서 투자해야 하는 것은 바로 그런 이유에서다. 내가 지금 투자하는 자금이 단기적으로 써야 할 자금인지, 중기적으로 쓸 자금인지, 장기적으로 두어도 될 자금인지에 대한 명확한 구분도 없이, 그냥 어느 주식이 좋다고 하니까 덜컥 매수하는 식으로는 올바른 투자를 하기 어렵다.

재테크 유전자에서 재무설계 유전자로

평균수명 100세 시대가 그다지 멀지 않았다. 예전에는 노후를 30년이라고 이야기하지 않았다. 과거에는 은퇴시기도 늦고 평균수명도 짧았기 때문에, 은퇴를 하고 길어야 20년 정도의 노년을 보내다 사망하는 것이 보통이었다. 하지만 지금은 퇴직을 하고도 30년 이상, 길면 40년 넘게 살아야 한다. 그만큼 정년은 단축되었고, 평균수명은 길어졌다.

육상선수들을 보면 종목이 단거리냐, 중거리냐, 장거리냐에 따라 전략이 다르다. 육상으로 비유하면, 우리 세대는 단순히 장거리가 아니라 마라톤을 준비해야 한다. 마라톤에는 마라톤에 걸맞은 전략이 필요하다. 42.195km를 뛰려면 호흡을 잘 조절해야 한다. 그 긴 레이스 동안 언제, 어떤 장애물을 만날지 모르는 것이 인생이다. 장애물은 세금이 될 수도 있고, 불의의 질병이나 사건사고가 될 수도 있다. 나는 장애물을 만나지 않을 수도 있지 않을까. 유감스럽게도 예외는 없다.

그렇다면 마라톤에 대비해서 어떤 전략을 세워야 할까. 재테크가 아닌 재무설계 전략을 세워야 한다. 지금까지 재테크 유전자로 살았다면 이제부터는 재무설계 유전자로 살아가야 한다.

재무설계는 인생의 긴 레이스에서 일어날 수 있는 각종 위험에 대비하고 원하는 목표를 달성하기 위해 각 이벤트별로 자금계획을 세운다. 뒤에서 다시 살펴보겠지만, 대표적인 생애 이벤트로는 보통 '빅세븐(Big 7)'이라 부르는 결혼, 주택, 교육, 은퇴, 비상예비, 생활, 롱텀케어(Long Term Care, LTC)가 있으며, 미리 이벤트별로 자금을 마련해 두어야 한다. 롱텀케어 자금과 같이 은퇴 후에 간병을 받는 데 들어갈 돈까지 지금 미리 생각을 해둬야 한다. 물론 이러한 이벤트는 사람들마다 다르니 고정된 것으로 여기지 말고 자신만의 창의적인 이벤트들을 융통성 있게 생각해보고 계획하면 된다.

변동지출과의 줄다리기

2장의 소모적 지출 부분에서 이야기했지만, 변동지출을 조절할 수 없다면 결코 부자가 될 수 없다. 변동지출을 관리하는 것은 자산을 축적하는 데 너무나 중요하다. 변동지출을 어떻게 관리하느냐에 따라, 10년 후에 지금보다 훨씬 더 나은 삶을 사느냐, 그 반대의 삶을 사느냐가 결정된다고 해도 과언이 아니다. 따라서 수도꼭지를 잠그듯 변동지출을 줄여야 한다. 과도한 외식비나 불필요한 물건들을 구입하는 데 들어가는 비용을 줄여서 장기적으로 투자할 수 있는 기반을 마련해야 한다.

변동지출은 씨름선수처럼 힘이 센 사람이고 변동지출 앞에서 나는 연약한 어린이가 된다고 생각해보자. 둘이 줄다리기를 한다면 백이면 백 내가 끌려가고 말 것이다. 이렇듯 변동지출에 끌려 다니는 인생은 미래를 보장받을 수 없다.

이렇게 힘이 센 변동지출과의 줄다리기에서 이길 수 있는 방법은 무엇일까. 그것은 줄을 놓아버리는 것이다. 변동지출을 쥐고 있는 줄을 놓아버려야만 변동지출로부터 자유로울 수 있다. 소모적 지출을 생산적 지출 혹은 생산적 저축이나 투자로 전환하기 위해서는 변동지출과의 힘겨운 줄다리기를 그만둬야 한다. 과감하게 변동지출을 떨어뜨려 내고 생산적인 돈의 활용에서 즐거움을 찾는 습관을 익혀야 한다.

또한 어디에 썼는지 불분명한 지출, 즉 기타 지출을 파악하고 이를 줄여야 한다. 개인적인 현금흐름표를 만들어보면 수입과 지출이 딱 맞아떨어지지 않는 경우가 많다. 각종 소득을 모두 계산하고 여기에 고정지출과 변동지출을 제하면 현재 가지고 있는 순수입과 맞아떨어져야 하는데 이때 차이가 나는 지출이 바로 기타 지출이다. 개인적인 재무제표인 현금흐름표를 작성하는 이유도 바로 이런 미파악 지출을 찾아내기 위해서다.

기타 지출은 부자가 되는 길을 막는 암적인 항목이라고 앞서 언급한 바 있다. 내 자산 어딘가에서 독버섯처럼 돋아나고 있는 기타 지출이라는 암을 제거하는 것은 변동지출을 줄이는 것과 함께 매우 중요한 일임을 명심해야 한다.

타임 밸류 머니를 생각하라

통계청에서 내놓은 〈2009 통계로 보는 대한민국〉 책자에 의하면, 1965년에 자장면 값은 35원, 다방 커피 값은 30원, 공중목욕탕 요금은 30원이었다. 즉 당시에는 지갑에 100원이 있으면 자장면으로 배를 채우고, 다방에서 커피 한 잔 마시고, 공중목욕탕까지 다녀와도 5원이 남았다. 그렇다면 요즘은 어떨까. 자장면 한 그릇에 3,773원, 커피 한 잔에 3,364원, 목욕탕 요금이 4,227원이니 이 세 가지를 모두 하려면 1만 원 가지고도 모자란다(금액은 2008년 기준).

계산해보면, 1965년부터 2008년 사이에 자장면 값은 약 108배, 커피 값은 약 112배, 목욕탕 요금은 약 141배 올랐다. 같은 기간 31.1배 상승한 소비자물가지수와 비교하면, 예로 든 세 가지 품목이 3~4배는 더 오른 셈이지만, 어느 경우든 시간이 지남에 따라 엄청나게 상승했다는 점에서는 공통적이다. 여기서 알 수 있는 것은 역시 돈은 시간에 따라 가치가 달라지며, 물가는 지속적으로 상승한다는 것이다.

돈이 시간에 따라 가치가 달라지는 것을 타임 밸류 머니, 줄여서 TVM이라고 한다. 장롱이나 항아리에 1억 원을 묻어두고 10년 후에 다시 꺼낸다면, 원금은 보장되겠지만 돈의 가치에 대한 원금은 보장되어 있지 않을 것이다. 물가상승 등으로 인해 10년 후의 1억 원은 지금보다 가치가 형편없이 떨어져 있을 테니 말이다.

따라서 은행에 돈을 넣어두는 것은 마치 하행 엘리베이터에서 올라

가려고 기를 쓰는 것과 같다. 부동산투자, 금융투자 모두 위험하며 현금성자산 투자가 안전하다고 이야기하는 사람들이 있지만, 타임 밸류 머니(TVM)를 생각하면 예금·적금 등을 통한 현금성자산에 치중하는 것은 위험하다. 현재와 같은 상황에서는 자산관리에서 부동산투자, 금융투자를 생각하지 않을 수 없다는 결론에 도달한다.

베이비붐 세대, 준비되지 않은 은퇴 러시

그렇다면 부동산투자와 금융투자 중 어느 쪽을 선택해야 할까.

부동산투자와 관련해 고려해야 할 요소는 인구구조다. 현재 인구구조에 있어서 베이비붐 세대가 이슈가 되고 있다. 한국의 베이비붐 세대는 1955년부터 1963년 사이에 태어난 이들을 일컫는다. 이들은 2010년 현재 약 712만 명으로 전체 인구의 14.6%를 차지하고 있다.

만 47~55세인 베이비붐 세대가 은퇴를 앞두고 있다는 사실은 매우 중요하다. 2010년 현재 은퇴연령은 평균 57세로, 산술적으로 향후 2~10년 내에 베이비붐 세대 거의 모두가 은퇴하게 된다는 이야기다.

문제는 베이비붐 세대의 가계자산 중 부동산자산이 77%나 된다는 점과 이들이 노후준비에 미흡하다는 점이다. 부동산자산 비율이 압도적일 뿐만 아니라, 노후준비도 국민연금을 비롯한 공적연금과 얼마 되지 않는 현금성자산에 크게 의존하는 형편이어서, 은퇴 후에는 쓸 돈이 부족하게 될 것이다. 시쳇말로 아파트의 벽돌을 빼서 쌀을 사고 밥을 해먹을 수는 없는 노릇이기 때문에, 베이비붐 세대는 은퇴 후 부동산을 처분하거나 부동산을 담보로 돈을 융통할 수밖에 없다.

베이비붐 세대가 은퇴 후 부동산을 처분하면 어떤 일이 벌어질까. 일본 부동산시장의 몰락에서 보듯, 지금까지 부동산이 인구구조를 이긴 경우는 없었다. 그렇기 때문에 앞으로 2~3년 후부터는 본격적인 자산구조의 변화, 이른바 '자산 시프트'가 일어날 전망이다.

나의 투자성향부터 진단하라

간접투자는 운용 전문가에게 돈을 맡겨서 그 운용 전문가가 투자를 대신해주는 것이다. 간접투자를 하면 운용 수수료가 들지만 이를 상쇄하는 장점이 많으므로 직접투자보다 유리하다. 일반 투자자는 하루 종일 컴퓨터에 앉아 투자만 하고 있을 수 없고, 정보의 비대칭성으로 인해 전문가들보다 정보가 부족하기 때문이다.

현재 펀드 수는 1만 개가 넘는다. 수많은 펀드 중에서 선택하기에 앞서, 먼저 자신의 투자성향을 진단해야 한다. 투자성향은 보통 보수형이냐, 안정형이냐, 독립형이냐, 성장형이냐, 공격형이냐 등으로 말하는데, 일반적으로 다음과 같이 구분한다. 기대수익률을 5% 정도로 생각하는 사람은 보수형으로 보고, 15% 이상으로 보는 사람은 공격형으로 본다. 기대수익률을 15%로 생각한다는 것은 손실 수준도 그와 비슷한 -12% 정도로 생각한다는 이야기다. 금융회사마다 명칭은 다르지만, 펀드상품이 공격투자형, 성장형, 위험중립형 등으로 분류된 것을 흔히 볼 수 있다.

펀드 하나하나의 수익률을 체크해서 옥석을 가리는 것도 중요하지만, 자신의 투자성향 파악이 선행되어야 한다. 보수적 성향을 지닌 투자자가 공격형 펀드에 투자하면 좌불안석이 되기 십상이고, 공격적 성향을 지닌 투자자가 보수형 펀드에 투자하면 불만만 가득하게 될 것이기 때문이다. 간접투자를 하기 전, 자신의 투자성향부터 진단해야 함을 명심하자.

적립식투자의 장점

간접투자를 하게 되면 대체로 적립식투자를 추천받게 된다. 적립식투자는 비유하자면 사과가 10원일 때도 사고 100원일 때도 사는 것이다. 적립식투자를 하면 비쌀 때 적게 사고 쌀 때 많이 사두기 때문에 평균매입단가를 낮추는 효과가 있다. 이를 다른 말로 코스트 애버리지 효과(Cost Average Effect; 평균매입단가 효과)라고 한다. 평균매입단가를 낮춰서 산 후 가격이 비쌀 때 팔기 때문에 이를 통해 수익을 거둘 수 있다. 그런 점이 적립식투자의 장점이 되는 것이다.

그런데 적립식투자는 장기적으로 주가가 오를 수 있다는 전제에 기초한다. 이런 신념의 근거는 무엇일까. 산업혁명 이래 오랜 시간 동안 산업이 발전해왔고 주가 역시 역사적으로 7~8% 상승해왔다는 점을 근거로 들 수도 있다. 하지만 보다 확실한 근거는 퇴직연금이다.

필자는 적립식투자를 하라고 많은 사람들에게 추천을 한다. 그 근거는 앞으로 퇴직연금이 전면적으로 시행되면 많은 자금들이 대부분 금융시장으로 유입될 것이라는 데 있다. 미국에서도 퇴직연금제도가 시행되면서 본격적으로 주식시장이 성장했듯이, 한국도 그 전철을 밟게 될 것이다.

그리고 현대는 금리가 물가상승률을 이길 수 없는 저금리 시대이기 때문에 주식투자는 필수적이라고 할 수 있다. 일반 개미들의 투자금뿐만 아니라 많은 연기금, 공적자금, 기금들의 증시 투입이 확대되고 있는 것도 그러한 이유 때문이다. 그래서 필자는 '지금은 장기투자에 대한 희망을 가지고 적립식투자를 해야 할 때'임을 강조한다.

1달러의 지혜와 개성상인

미화 1달러 지폐 뒷면에는 상징적 문양이 담겨 있다. 왼쪽 원에는 피라미드와 빛나는 눈이, 오른쪽 원에는 독수리가 그려져 있다. 독수리 그림을 자세히 보면 오른발에는 올리브나무, 왼발에는 화살, 가슴에는 방패가 있음을 알 수 있다. 올리브나무, 방패, 화살은 각각 평화와 번영을 추구하지만(올리브나무), 스스로를 지킬 힘이 있으며(방패), 침입을 받을 때나 평화를 위해서는 전쟁을 불사한다(화살)는 상징적 의미로 해석된다.

하지만 이 문양들을 재무의 측면에서 해석할 수도 있다. 실제로 미국인들은 자신의 자녀에게 첫 용돈으로 1달러를 주면서 이 돈을 현명하게 쓰기 위해 독수리의 지혜를 빌린다는 이야기를 한다고 한다. 이 때 올리브는 번창과 번영을 상징한다. 1달러는 아주 적은 돈이지만 올리브나무가 열매를 맺듯이 돈을 잘 모으는 지혜를 기르라는 의미다. 방패는 돈을 지키는 것을 상징한다. 돈을 아무리 잘 모아도 돈을 지킬 수 없다면 무용지물이며, 우리 인생에는 컨트롤할 수 없는 부분이나 예측할 수 없는 위험이 많기 때문에 최대한 돈을 잘 지키라는 의미다.

화살은 돈을 쓰는 것을 상징한다. 공격적으로 써야 할 때는 쓰고 또 기부할 때는 기부하면서 돈을 합리적으로 쓰라는 뜻이다. 한 번 쏜 화살은 다시 돌아오지 않기 때문에 세금과 관련한 것으로 이야기할 수도 있다.

이와 같은 재무적 해석은 구전으로 전해 내려오는 개성상인의 돈의 지혜와도 맞닿아 있다. 돈과 관련해 개성상인의 철학으로 '3전'이 유명한데 집전(集錢), 수전(守錢) 용전(用錢)이 그것이다. 집전은 돈을 모으는 것을, 수전은 돈을 지키는 것을, 용전은 돈을 쓰는 것(또는 굴리는 것)을 일컫는다. 즉 개성상인들은 돈을 잘 모으고 잘 지켜야 하며 잘 써야(굴려야) 한다는 점을 강조했으며, 이것은 앞서 미화 1달러 지폐의 올리브나무, 방패, 화살의 상징과도 일맥상통한다. 물론 이 세 가지는 오늘날 우리가 명심해야 할 재무설계 원칙들과 불가분의 관계에 있다.

돈을 모으되, 목표를 가지고, 목적자금별로 모아야 된다. 대표적인 생애 재무 이벤트들을 고려해 돈을 모으는 것이 집전이다. 그리고 용전은 단순히 통념적 지출에만 국한된 것이 아니다. 세금 납부, 공과금 납부, 투자 모두 용전에 해당한다. 수도꼭지를 풀었다 잠갔다 하는 것처럼 (용처가 어디든) 돈을 쓰는 것을 관리할 필요가 있다. 수전도 돈을 단순히 지키는 것을 넘어 리스크를 대비하는 것까지 포함한다. 우리 인생에는 항상 수많은 'IF', 즉 '만약'이 끼어들게 마련이어서, 내가 일자리를 잃어 수입이 중단되는 등 사건사고가 비처럼 내릴 때 이를 막아줄 우산이 필요하다. 그런 의미에서 필자는 수전을 우산으로 표현하곤 한다. 보험상품 역시 수전의 차원에서 사고할 줄 알아야 한다.

어쨌든 이렇게 1달러와 개성상인의 지혜를 잘 생각하며 다각적인 관점에서 재무설계를 할 수 있어야 한다.

보장자산이란 무엇인가

보장자산을 이야기할 때 단지 실손보험, 생명보험만 고려해서는 안 된다. 우리가 일찍 다치고 죽을 확률 못지않게, 오래 살 때의 리스크도 생각해야 하기 때문이다. 보험은 보험회사와 소비자 간의 치열한 확률 게임이다. 주변에 보면 싸고 좋은 보험에 들었다고 얘기하는 이들이 있는데, '싸고 좋은 보험'이란 존재할 수 없다. 종종 우리는 보험회사도 이윤을 내야 하는 기업이라는 사실을 잊곤 한다.

예를 들어 보험상품을 쉽게 풀어보면 이런 식이다. 보험회사에서 '교통사고로 사망했을 때 1억 원을 드릴 테니 매달 2만 원을 납입해주세요'라고 이야기한다. 그런데 내가 2만 원이 비싸다고 고개를 가로젓는다면, '휴일에 교통사고 났을 때를 보장해드릴 테니 매달 1,000원만 내세요'라고 이야기한다. 그런데 그 돈도 비싸다고 한다면, '휴일에 경부고속도로에서 교통사고로 사망했을 때만 보장해드릴 테니 100원만 내세요'라고 이야기한다. 일반인이 내용을 꼼꼼히 살펴보기 힘들어서 그렇지 보험상품이란 항상 이런 식이다. 그런 면에서, 보험회사를 뛰어넘을 수는 없지만, 수전의 의미에서 급여의 15% 정도는 보장자산을 가지고 가야 한다.

보험상품은 일정 시점이 지나면서 비과세가 되는 비과세 상품이 많다는 장점이 있다. 다른 측면에서 그 시기까지 보험을 쥐고 가야 하기 때문에 환금성이 나쁘다는 단점이 있다. 따라서 자금 여유가 충분한 사람이라면 저축형 보험상품을 비과세 용도로 활용하면 좋다.

하지만 근본적으로 우리가 보험을 투자로 인식하는 사고에서 벗어나야 한다. 보험은 본래의 의미인 보장에 더 초점을 둬야 한다. 보험상품은 보장성보험과 은퇴자산을 위한 보험이 중심이 되어야 한다. 다시 말해 위험을 보호하기 위한 용도로만 활용하는 것이 좋다. 물론 앞서도 말했듯이 여유가 있다면 절세의 측면에서 다양한 보험상품을 적극 활용하는 것도 좋다.

성공적인 재무설계를 위한 7가지 습관

재무설계를 위해서는 다음과 같은 7가지 습관을 가져야 한다.

- 목표를 세우고 우선순위를 정한다
- 위험관리에서부터 시작한다
- 가능한 절세방법을 찾는다
- 반드시 전문가와 함께한다
- 은행을 떠난다
- 복리효과를 누린다
- 지금 시작한다

하나하나를 살펴보면 다음과 같다. 성공적인 재무설계를 위해서는 첫째, 목표를 세우고 우선순위를 정해야 한다. 연초가 되면 적금을 드는 사람들이 많이 있다. 그런데 적금 가입자 중 적금을 만기까지 가져가는 사람은 30% 정도밖에 안 된다고 한다. 10명 중 3명밖에 성공을 못하는 것이다. 이런 것들이 모두 별다른 목적 없이 적금을 넣기 때문이다.

적립식펀드도 남들이 좋다고 해서 드는 경우가 많다. 예전에 한 방송에서 베트남이 뜬다는 프로그램을 방영해서 화제가 되고 베트남펀드가 일대 유행을 일으킨 적이 있다. 그런데 얼마 지나지 않아 베트남펀드의 수익률이 폭락하는 안타까운 일이 벌어졌다. 뚜렷한 목적과 목표도 없이 남들이 좋다고 하니까 부화뇌동해서 따라했다가는 그처럼 좋지 못한 결과를 얻을 가능성이 크다. 전략과 전술 없이 좋은 무기만 찾아다니는 어리석은 병사와 같은 것이다.

금융상품을 선택할 때는 스스로에게 적어도 두 가지 질문은 해봐야 한다. '왜 이 상품을 가입해야 하는가'와 '언제까지 이 상품에 투자할 것인가'가 그것이다. 이러한 질문에 분명한 답을 가지고 있지 않다면 목적과 목표가 뚜렷하지 않은 것이고 결국 수익이 날 때까지 이 상품을 가지고 있지 못하는 것이다. 따라서 투자에 있어서나 재무설계에 있어서 가장 첫 번째로 해야 할 일은 목표를 세우고 우선순위를 정하는 것이다.

둘째, 위험관리에서부터 시작해야 한다는 것이다. 건물을 짓는다면 땅부터 깊게 파고 바닥을 튼튼히 다지는 것이 필수적이다. 건물이 완성되면 눈에 보이지 않게 될 부분이지만 그렇게 해야 건물의 안전이 보장되기 때문이다. 기업의 경우도 리스크 매니지먼트가 필수다. 개인의 위험관리도 그와 다르지 않다. 개인도 겉으로는 잘 드러나지 않지만 언제 닥칠지 모르는 위험을 대비해야 한다.

셋째, 가능한 절세방법을 찾아서 절세를 해야 한다는 것이다. 인간이 살아가면서 누구도 피할 수 없는 두 가지가 있다고들 한다. 바로 죽음과 세금이다. 그만큼 세금은 오랜 세월 동안 인간의 삶에서 중요한 자리를 차지해왔다. '소득이 있는 곳에 세금이 있다'는 말처럼, 세금은 우리의 경제적 삶에서 떼려야 뗄 수 없는 요소다. 하지만 평소 우리는 죽음을 망각하듯 세금 역시 큰 관심을 기울이지 않는 편이고 그 때문에 손해를 입곤 한다. 과거보다는 세금에 대한 관심이 늘어 연말정산 등을 통해 절세를 하는 움직임이 늘어나고 있지만, 여전히 절세방법을 몰라서 손해를 보는 경우가 많다. 가랑비에 옷 젖는 줄 모른다고, 절세를 하지 못해 누수되는 돈이 결코 적지 않다. 따라서 절세를 하는 것은 돈을 버는 것 못지않게 중요한 체크 포인트임을 알아두고 절세를 생활화할 필요가 있다.

넷째, 반드시 전문가와 함께해야 한다는 것이다. 여러 차례 강조했지만, 금융업에 전문적으로 종사하는 사람이 아닌 일반인들은 수많은 펀드를 분석해 옥석을 가릴 시간도, 역량도 부족하다. 따라서 나의 성향도 판단해줄 수 있고, 금융상품도 분석해줄 수 있는 그런 '금융 주치의'와 같은 사람을 만나서 투자를 시작하는 것이 좋다.

금융계는 지금 유통혁명 중이다. 지금까지는 금융상품을 만드는 회사에서 유통과 판매를 모두 담당했다. 그런데 특정 금융사에 전속되지 않고 여러 금융사와 제휴를 맺어 다양한 금융상품들의 취급·판매를 전문으로 하는 독립금융판매사(General Agency; 약칭 GA)들이 등장하면서 제조와 판매가 분리되기 시작했다. 미국과 유럽과 같은 선진국에서는 투자자 10명 중 8명이 독립금융판매사를 통해 금융상품을 선택한다. 하지만 대한민국에서는 아직 투자자 10명 중 2~3명 정도만 독립금융판매사를 통해 금융상품에 가입하는 실정이다. 하지만 한국도 결국 선진국처럼 독립금융판매사들이 주류를 이루게 될 것이라는 데 전문가들의 의견이 모아지고 있다.

사람들은 더 높은 수익률을 위해 더 나은 상품에 대한 니즈를 갖고 상품을 찾으려고 하지만 정보가 부족하다. 기존의 금융회사들은 자사의 전속 상품 위주로 가입 권유 및 판매를 해오고 있기 때문에 투자자들의 입장에서는 여러 제휴 금융사의 상품들을 망라해서 취급하는 독립금융판매사를 이용하면 여러모로 유리한 점이 많다.

다섯째와 여섯째는 은행을 떠나고 복리효과를 누려야 한다는 것이다. 눈사람을 만들 때 처음에 눈뭉치를 뭉치려면 허리를 굽혀야 되고 힘들게 굴려야 한다. 하지만 계속 굴리다 보면 눈뭉치가 점점 불어나 눈덩이가 되고 나중에는 저절로 커지게 된다. 한 바퀴를 굴렸을 때 불어나는 눈의 양이 다르게 되고 점점 자동으로 굴러가게 된다. 눈사람을 만들 때처럼 투자금도 돈에 돈이 붙는 복리효과를 누려야 하는데, 안타깝게도 지금의 은행에서는 그런 효과를 누리기가 힘들다. 앞서 살펴본 것처럼 실질금리는 오히려 마이너스이기 때문이다.

나의 현금이 흐르는 도관을 바꿔야 한다. 과거에는 마이너스 혹은 1%도 안 되는 정말 미약한 이자를 주는 수시입출금통장을 자신의 도관으로 했다면, 그보다 더 나은 이자를 주는 CMA통장으로 도관을 바꾸고, 투자를 통해서 더 큰 수익을 올릴 수 있는 도관으로 바꿔야 한다. 그렇게 수익률이 높은 도관으로 갈아타며 장기적으로 투자할 때 이자에 이자가 붙는 복리효과를 충분히 누릴 수 있게 된다. 그래서 은행을 떠나고 복리의 효과를 누리라는 것이다.

일곱째, 바로 지금 시작해야 한다는 것이다. 유명 극작가인 버나드 쇼의 묘비명 '우물쭈물하다가 이렇게 될 줄 알았지' 처럼, 우리의 인생도 그렇게 될지 모른다. 망설이다가 세월만 흘려보내면 어느새 아무런 준비 없이 늙고 병들어 있을지 모른다. 따라서 지금 당장 준비하고 실행에 옮겨야 한다.

미네르바의 부엉이

헤겔은 "미네르바의 부엉이는 황혼 무렵에 비로소 날갯짓을 한다"고 했다. 한 시대가 끝날 때 새로운 지혜가 비상을 한다는 이야기이다. 이제 재테크의 시대는 끝나고 재무설계의 시대가 왔다. 고성장 시대에나 가능했던 지금까지의 방법을 바꾸고 변화해야 새로운 시대에 살아남을 수 있을 것이다.

스포츠 분야의 사례를 봐도 생각의 전환이 얼마나 중요한지 알 수 있다. 가령 수영의 배영 종목은 플립턴(flip turn) 또는 텀블턴(tumble turn)이라 불리는 기법이 나오면서 기록이 비약적으로 단축되었다. 반환점에서 속도를 줄여 손을 짚고 다시 발로 차고 도는 것이 당연시되던 때, 미국의 텍스 로버트슨(Tex Robertson) 코치는 반환점을 앞두고 텀블링하듯 180도 몸을 뒤집어 바로 발로 차고 도는 플립턴 기술을 고안했다. 그의 지도를 받은 고교생 아돌프 키에퍼(Adolph Kiefer)는 이 플립턴 기술로 배영 100야드(91.44미터)에서 마의 벽으로 여겨지던 1분 벽을 깨뜨렸으며, 이듬해 베를린올림픽 남자 배영 100미터에서도 금메달을 차지했다. 턴을 할 때 감속하지 않고 손을 짚는 과정도 생략함으로써 기록혁명을 이끈 플립턴 기술은 이후 배영은 물론 다른 영법 종목으로도 보편화되었다.

육상 높이뛰기에서도 발상의 전환이 높이혁명으로 이어졌다. 1968년 멕시코올림픽에서 사람들은 미국의 딕 포스베리(Dick Fosbury) 선수가 듣지도 보지도 못한 방식으로 높이뛰기 하는 모습을 보고 경악했다. 모두들 가위뛰기 등의 방식으로 가슴과 배를 아래로 향해서 가로막대를 넘는데, 포스베리는 몸을 뉘어 배가 하늘을 바라보는 자세로 가로막대를 넘은 것이다. 그에게 금메달을 안겨준 이 배면뛰기(flop jump) 방식은 높이의 혁신을 가져오며 보편화되었다.

이 같은 스포츠 혁신 사례와 마찬가지로, 나의 돈을 관리하는 것도 과거의 관성이나 통념에 매몰되어 남들 하듯 할 것이 아니라 재무설계로 패러다임을 바꿔야 한다. 수험생들이 대학입시에서 성공을 거두기 위해서는 장기적인 계획을 가지고 꾸준히 공부해야 하는 것처럼, 우리들도 재무적으로 성공하기 위해서는 최종적으로 은퇴했을 때 좋은 재무성적표를 받아들 수 있도록 장기적으로 계획하고 실행해야 한다.

요즘은 노후설계라는 용어 대신 은퇴설계라는 용어를 더 자주 사용한다. 왜냐하면 현재 평균적으로 57세에 은퇴를 한다고 보는데 그 나이부터가 노후는 아니기 때문이다. 예전에는 은퇴할 즈음 혹은 은퇴와 동시에 노후가 시작되었지만 이제는 다르다.

미국 사람들한테 재무설계를 왜 하느냐고 물어보면 은퇴자금 마련을 위해서 한다는 대답을 많이 한다. 그만큼 재무설계에 있어서 은퇴설계는 중요하다. 선진국은 이미 재무설계의 주된 목적이 은퇴설계를 하기 위해서다.

단기적으로 돈을 많이 버는 것은 한계가 있다. 최종적으로 성공한 인생을 살기 위해서는 재무설계를 알고 장기적인 안목으로 꾸준히 관리해야 한다. 금융환경과 시대의 변화에 맞물려 자산관리에 있어서 새로운 지혜가 필요하다는 것을 명심해야 할 것이다.

좋은 전문가를 찾아서

자산관리를 시작할 때 좋은 전문가와 파트너십을 이루는 것은 매우 중요하다. 그런데 그런 전문가를 찾으려고 할 때, '은행을 갈까, 증권사를 찾아갈까' 부터 시작해서 어떤 사람을 만나야 할지 걱정만 앞서는 것이 사실이다.

좋은 금융전문가는 네 가지를 갖추고 있어야 한다. 첫째, 고객의 질문에 충분히 답을 해줄 수 있을 정도로 풍부한 지식을 갖춰야 한다. 기본적인 금융지식은 물론이고, 새로운 변화에 대응할 수 있는 최신 정보들을 갖추고 있어 어떤 질문에도 답을 해줄 준비가 되어 있는 전문가여야 한다. 또 고객이 물어보기 전에 먼저 좋은 정보를 찾아서 제공할 수 있어야 한다. 그런 지식과 정보를 갖춘 사람, 새로운 지식을 발빠르게 입수해 소화할 만한 인적 네트워크를 갖춘 전문가여야, 고객의 인생 멘토처럼 라이프사이클을 그려놓고 평생의 재무관리를 눈앞에 보이듯이 설명해줄 수 있을 것이다.

두 번째는 태도다. 고객을 바라보는 눈빛에서부터 고객을 대하는 모든 태도가 정직성을 담고 있는가가 중요하다. 아무리 실력이 뛰어나도 진심으로 고객을 위하겠다는 마음이 없다면 아무런 소용이 없다. 대화를 해보면 그 전문가가 가진 업에 대한 태도가 묻어나온다. 그저 설득을 통해 상품을 판매하는 데만 관심이 있는지, 고객의 인생 전체를 관리하고 돌봐주기 위한 것인지 오가는 대화와 눈빛에서 알 수 있다. 물론 그런 안목을 기르기 위해서는 많은 사람을 만나볼 필요가 있다. 고객의 자산을 자신의 자산처럼, 자신의 부모나 형제의 자산처럼 소중하게 다룰 줄 아는 태도를 지닌 전문가여야 한다.

세 번째는 흔히 스킬이라고 말하는 기술이다. 고객이 한눈에 확인할 수 있는 정리된 자신만의 재무설계 리포트를 만들 수 있어야 한다. 그리고 정말 좋은 상품을 선별하고 분석할 수 있는 기술이 있어야 한다. 또한 고객의 투자성향을 분석한 후 그렇게 분석된 투자성향을 가지고 펀드상품이든 채권상품이든 고객의 입장에서 선별할 능력과 기술을 가지고 있어야 한다. 끝으로 그 전문가가 정말로 열심히 하는 습관을 가지고 있는 사람인가가 중요하다.

이상의 네 가지를 모두 갖춘 사람이 좋은 금융전문가라고 할 수 있다. 역으로, 좋은 금융전문가를 꿈꾸는 사람이라면 이 네 가지를 모두 갖추기 위해 지속적으로 노력해야 할 것이다.

덧붙이자면, 자본시장통합법 이후로 증권, 은행, 보험 등의 영역의 구분이 무의미해지고 있기 때문에 여러 방면의 지식을 아우르는 능력을 가진 사람이 필요한 시대가 시작되었다. 한 분야에만 얽매이지 않고, 다양한 분야에 대해 관심을 가지고 모든 분야를 통합적으로 살펴볼 수 있는 전문가가 중요해지고 있다. 자신의 회사 상품을 팔기 위해서 고객에게 근거가 빈약한 자사 상품에 대한 자랑을 일삼는 사람이 아니라, 여러 회사의 상품을 공정한 시각으로 분석해서 구매 제안을 할 수 있는 사람이 인정받게 될 것이다.

앞서도 이야기했지만 자신의 멘토를 한 명으로 정할 것이라면 여러 사람을 만나보고 비교 분석을 해보는 것도 도움이 된다. 항상 최종 결정은 자신이 하는 것이기 때문에 많은 사람들을 만나고 책을 읽다보면 좋은 전문가를 보는 안목이 길러진다. 좋은 전문가를 만나기 위해서는 기본적으로 자신이 어느 정도 지식을 갖추고 있어야 한다. 따라서 스스로 공부를 미리 해두어야 한다.

내 자녀를 위한 최고의 상속

필자가 자녀에게 물려줄 수 있는 재산이 얼마나 될지 현재 시점에서 정확히 가늠하기는 어렵다. 자녀에게 상속할 수 있는 것 중에 가장 좋은 것이 무엇인가는 지금 자신이 정말 원하는 게 뭔지를 생각해보면 될 것 같다는 생각을 한 적이 있다. 필자는 지금 하고 있는 금융 관련 강의와 컨설팅 분야에서 진정한 스페셜리스트, 정말 좋은 전문가가 되고 싶다. 필자가 전문가의 길을 걸으며 쌓은 노하우를 아이에게 아낌없이 물려주고 싶다. 그것이 필자가 자녀에게 줄 수 있는 최고의 상속, 최고의 선물이 될 것이다. 그렇게 해서 훗날 아들 예람이가 필자의 업을 존경하고 필자를 기준으로 삼아 고객들에게 컨설팅을 할 수 있다면 얼마나 기쁠까 하는 생각을 해본다.

꿈에 대해서 이야기하자면 아주 어렸을 때는 학교를 만들고 싶은 꿈이 있었다. 그래서 대학 시절에는 정치학을 공부하는 학교를 만들고 싶다는 생각을 했다. 학교를 졸업하고 금융 분야에서 일하면서 새로운 꿈이 생겼다. 바로 대를 잇는 머니 멘토다. 멘토라는 말과 건조한 머니라는 말이 잘 어울리지 않아 보일 수도 있겠지만, 필자는 그 둘의 조합이 너무 잘 어울린다고 생각한다. 비록 돈이 중심이 되기는 하지만, 고객의 인생 전반에 걸쳐 여러 재무적 결정에 조언을 해주고 문제가 생겼을 때는 금융 주치의 역할을 하는 진정 보람된 일이라고 생각한다. 따라서 필자는 머니 멘토를 평생 업은 물론이고 대를 이어 잇는 가업으로 삼고 싶다.

02
재무설계의 실제

라이프사이클을 그려라

라이프사이클의 원형은 미국의 경제학자 프랑코 모딜리아니(Franco Modigliani)가 고안한 생애주기가설(life-cycle income hypothesis)이다. 모딜리아니는 그 공로로 1985년 노벨 경제학상을 받았다. 생애주기가설에 따르면 한 개인의 소득은 유년과 노년기에는 낮고, 중년 때 가장 높아진다. 반면에 소비는 전 생애에 걸쳐 일정하거나 서서히 증가한다. 따라서 저축률은 중년일 때가 가장 높고 노년일 때 낮거나 오히려 저축을 까먹게 된다.

당연해 보이는 이야기지만 모딜리아니의 가설 이전에는 '소득의 크기가 소비와 저축의 크기를 결정한다'는 케인스의 절대소득가설이 통용되었다. 모딜리아니의 생애주기가설 덕분에 사람들은 '인생의 남은 기간을 염두에 두고 현재의 소비를 결정한다'는 개념을 이해하게 되었다. 세대 구성원에 따라 저축률이 다른 이유를 설명할 수 있게 되었고 연금이 장래에 어떤 효과를 낼지 예측할 수도 있게 되었다.

흔히 생활비, 주택마련 자금, 결혼 자금, 자녀교육비, 노후 자금을 필수 5대 자금이라고 한다. 라이프사이클을 활용하면 이런 확정적인 필요 자금(생활, 자녀교육, 주택마련, 노후)과 불확정적인 필요 자금(사망, 사고, 질병, 장수, 간병 등)을 검토할 수 있다. 인생의 재무적인 이벤트들을 목표화하고 여기에 대한 선명한 비전을 제시하는 것이 가능해진다. 라이프사이클은 은퇴설계, 기간별 투자설계, 자산이전설계, 보험설계, 세금설계, 부동산설계 등을 가능하게 해주는 최적의 시스템이다.

그럼 라이프사이클을 직접 그려보자. 먼저 검정색 펜을 꺼내든다. 백지 위에 왼쪽에서 오른쪽으로 수평선을 긋는다. 과거보다는 현재와 남아있는 미래를 표현하는 것이 좋다. 가족 구성원을 모두 기재하고 인생의 재무적인 이벤트들을 나열한다.

예상되는 은퇴 시점을 점으로 찍고 세로로 수직선을 긋는다. 은퇴 시점을 기준으로 그 이전은 이벤트별로 세 곳에 점을 찍어 초단기·단기·중기·장기의 4단계로 구분한다. 은퇴 시점 이후는 은퇴 후 활동기·정체기·간병기·정리기로 나누어 점을 찍는다. 가로선이 시작되는 지점에 세로선을 그어 인생의 자금선을 표시한다. 500만 원 단위로 점을 찍는 것이 좋다.

다음으로, 자금선에 현재 현금유입이 가능한 금액으로 시작하여 은

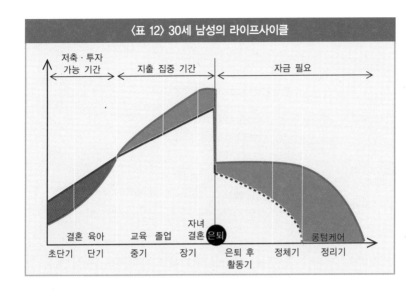

<figure>

〈표 12〉 30세 남성의 라이프사이클

저축·투자 가능 기간 | 지출 집중 기간 | 자금 필요

결혼 육아 / 교육 졸업 / 자녀 결혼 은퇴 / 롱텀케어

초단기 | 단기 | 중기 | 장기 | 은퇴 후 활동기 | 정체기 | 정리기

</figure>

퇴 전까지 우상향하는 선을 긋는다. 은퇴 시점의 세로선에 퇴직 후 수령 가능한 금액을 표시해 점을 찍고, 수입곡선을 연장한다. 연금 수급이 가능한 시점까지 오른쪽으로 긋는다(종신 수급형 연금이 없다면 가로선까지 내려 긋는다). 은퇴 후 연금을 준비하지 못했다면 은퇴 세로선 이후로는 점선으로 표시한다.

이제 초록색 펜을 꺼내 든다(펜 색깔은 무엇이든 상관없다). 현재 현금이 유출되고 있는 금액에 점을 찍고 발생할 수 있는 재무적인 이벤트들을 모두 연결하여 선을 긋는다.

이제 라이프사이클을 분석할 차례다. 수입곡선과 지출곡선의 상관관계를 파악해야 한다. 라이프사이클 위에 수입이 지출보다 많은 시기가 있다면 '저축·투자 가능 기간'으로 표시하고 지출이 수입을 초과하는 시기가 있다면 '지출 집중 기간'으로 표시한다. 저축·투자 가능

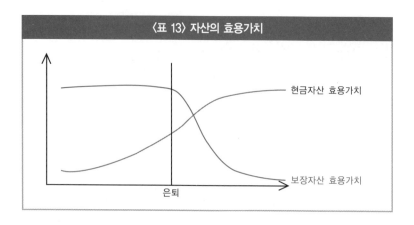

<표 13> 자산의 효용가치

현금자산 효용가치

보장자산 효용가치

은퇴

기간에는 지출이 집중되는 시기를 대비하여 생산적인 지출, 저축 및 투자를 고려해야 한다. 은퇴 후에도 지출은 지속될 것이다(기대여명까지). 이 기간에 현금유입이 없다면 시간에 대한 돈의 가치(〈표 7〉 '100만 원의 가치 변화와 현재가치의 미래가치' 참고)를 고려하여 은퇴자금 마련을 시작해야 한다.

물론 우리의 인생이 라이프사이클에 그린 대로 순탄하게 흘러가지는 않을 것이다. 수입곡선이 급격하게 높아지는 것은 인생의 긍정적인 변화라 할 수 있다. 하지만 실직, 질병, 상해 등으로 인해 소득활동이 중단되어 수입곡선이 급격하게 낮아지는 것은 상당히 위험하다. 특히, 수입원이 많지 않은 상태(외벌이)에서 수입곡선에 급격한 변화가 생긴다면 가족의 생활에 치명적일 수 있다. 건강하고 보험료가 저렴할 때 보장자산을 준비하는 지혜가 필요하다.

은퇴 시점을 중심으로 현금자산의 효용가치와 보장자산의 효용가치를 선으로 긋는다면 〈표 13〉과 같다.

은퇴 이전에 충분한 보장자산과 비상예비자산 등을 효율적으로 준비해야 한다. 은퇴 이후에는 생산 가능한 최적의 상태가 아니므로 근로소득을 기대하기 어렵다. 따라서 이자소득, 배당소득, 부동산 임대소득, 연금소득과 기타소득 등의 현금유입안을 준비해야 한다.

개인도 재무제표를 만들어야 한다

회사를 설립하기 위해 사람들은 먼저 재무제표와 비즈니스 플랜을 작성한다. 이것을 평가·분석하면 사업의 성공 여부를 판단할 수 있다. 개인 재무제표도 이것과 같은 의미라 할 수 있다.

개인 재무제표는 개인의 재무상 장점과 단점을 파악하고, 재무목표를 효율적으로 달성하기 위한 재원을 만드는 데 활용한다. 개인 스스로의 재무 자료가 바탕이 되고 이것으로 재무목표 수립을 위한 재무전략을 실행하기 때문에 보다 체계적으로 재무적 성공을 거둘 수 있다.

개인 재무제표는 자산과 부채의 현황을 나타내는 자산부채현황표, 현금의 유입과 유출의 흐름을 나타내는 현금흐름표로 구성되며, 재무제표를 통해 개인의 경제활동에 따른 재무상태를 확인할 수 있다.

개인 재무제표는 표준화된 기준이 아직 없지만 책에서 설명한 대로 자산부채현황표와 현금흐름표를 작성하여 스스로 일정 기간에 한 번씩 점검해보자. 자산과 부채의 상태를 정확히 파악하는 것만으로도 얼을 수 있는 것이 많다. 긍정적인 현금유출이라 할 수 있는 저축과 투자, 순자산의 변화와 현금유입을 위한 인생에 대한 투자, 고정지출과 변동지출에 대한 컨트롤을 스스로 할 수 있게 될 것이다.

자산부채현황표 만들기

자산부채현황표는 쉽게 말해 돈의 성적표라고 할 수 있다. 개인은 자신의 돈에 관한 성적표, 즉 자신의 자산과 부채에 대한 그림을 명확하게 그릴 수 있어야 한다. 자산이란 지금 내가 무엇을, 얼마나, 어떻게 소유하고 있는가를 나타내고, 부채란 무엇을, 얼마나, 어떻게 빚지

〈표 14〉 자산부채현황표의 구성

자산	부채
	순자산 =자기자본

왼쪽(자산)의 합과 오른쪽(부채와 순자산)의 합은 반드시 같아야 한다.

고 있는가를 나타낸다. 자산에서 부채를 차감한 것이 순자산이다. 순자산 가치의 증감이 재무적 성공을 좌우한다.

자산의 구성은 다음과 같다.

첫째, 유동성 자산이다. 필요한 시기에 즉시 현금화하여 사용할 수 있는 자산으로, 리스크가 낮아야 한다. 수시입출금예금을 비롯한 보통예금, CMA, MMF, MMDA 등이 유동성 자산에 속한다.

둘째, 금융투자 자산이다. 사람에 따라 구분하는 법이 다르지만, 주로 1년 이상을 투자하여 수익을 내는 것을 목적으로 하는 자산을 말한다(3년 이내의 단기투자 자산, 10년 이내의 중기투자 자산, 10년 이상의 장기투자 자산으로 구분할 수도 있다). 투자 목적이 분명해야 하며 개인의 투자성향을 바탕으로 가입해야 한다.

셋째, 부동산자산이다. 거주 목적과 투자 목적으로 나누었을 때 투자 목적을 가진 부동산자산을 말한다. 거주 목적을 위한 자산은 사용자산으로 구분하는 것도 좋다.

넷째, 연금 및 은퇴자산이다. 이는 다시 기간별로 구분할 수 있다. 초기 은퇴자산은 대한민국 은퇴 평균연령(57세)을 기준으로 은퇴 후 국민연금 수급 전까지 활용할 수 있는 자산이다. 활동기 은퇴자산은 국민연금과 같이 수급 가능하며 활동기(평균 72세까지) 동안 활용할 수 있는 자산이다. 종신형 은퇴자산은 활동기 이후 숨이 끊길 때까지 종신토록 받을 수 있는 자산이다. 롱텀케어(LTC) 은퇴자산은 활동기 이후 간병기에 받을 수 있는 연금이다.

다섯째, 보장자산이다. 가족보장자산, 생활보장자산, 의료보장자

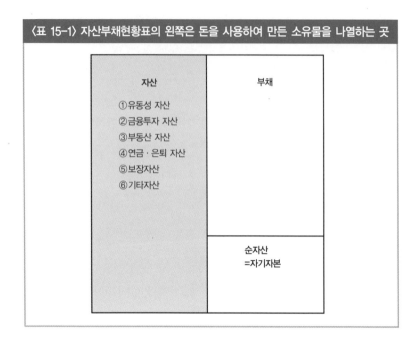

〈표 15-1〉 자산부채현황표의 왼쪽은 돈을 사용하여 만든 소유물을 나열하는 곳

자산	부채
①유동성 자산 ②금융투자 자산 ③부동산 자산 ④연금·은퇴 자산 ⑤보장자산 ⑥기타자산	
	순자산 =자기자본

산, 비상예비자산 등을 들 수 있다. 특히, 비상예비자산은 예기치 못한 긴급한 상황에 대비해 쉽게 인출해 쓸 수 있는 통장에 예비해두어야 한다. 비상예비자산은 의료보장자산 이외의 '소득원'을 만들기 위한 자산이다. 6개월 정도의 월 급여를 수시 입출금이 가능한 통장 또는 CMA에 넣어두고 절대 손대지 않아야 한다.

여섯째, 기타자산이다. 위의 기준으로 분류가 어려운 나머지 자산을 포함한다. 굳이 기타자산을 만드는 이유는 개인의 모든 자산이 자산부채현황표에 포함되어야 하기 때문이다.

자산을 분류하는 이유는 분류된 자산을 평가하기 위해서다. 자산을 평가할 때는 경제학적으로 매몰비용과 기회비용을 감안해야 한다.

<表 15-2> 자산부채현황표의 오른쪽은 돈이 나가는 곳

자산	부채
	부동산 관련 장기부채
	소비성 유동부채 ┌ 단기부채
	└ 장기부채
	순자산 =자기자본

부채는 부동산 관련 장기부채와 소비성 유동부채로 나눌 수 있다. 소비성 유동부채는 다시 단기부채(현금서비스)와 장기부채로 구분된다.

살다 보면 비싼 등록금과 교육비, 결혼자금, 부동산 구입, 자동차 구입 등으로 부채가 발생할 수밖에 없다. 때로는 재무 레버리지효과를 노리고 일부러 부동산 담보대출을 받기도 한다. 대출받아 상환하는 비용보다 구입한 부동산의 가치가 더 큰 폭으로 상승한다면 확실한 레버리지효과(투자재원으로 부채를 활용하여 자산운용에 따른 수익을 높이는 것)를 낼 수 있다.

하지만 일반적으로 부채는 없는 것이 가장 바람직하다. 돈을 빌리기 위해서는 먼저 원금과 그에 따르는 이자액과 기간 등을 잘 검토해

〈표 16-1〉 자산이 플러스인 사람의 자산부채현황표

(단위: 만원)

자산		부채와 순자산	
현금	5,000	부동산 담보대출	12,000
부동산	15,000		
		순자산	8,000
자산 합계	20,000	부채와 순자산 합계	20,000

이 경우 부채의 합계보다 자산 합계가 많기 때문에 '자산 초과' 또는 '순자산 플러스'라고 말할 수 있다.

〈표 16-2〉 부채(채무) 초과인 사람의 자산부채현황표

(단위: 만원)

자산		부채와 순자산	
예금	1,000	부동산 담보대출	6,000
주택	10,000	현금서비스	2,000
		콜	3,000
		학자금대출	1,000
		순자산	-1,000
자산 합계	11,000	부채와 순자산 합계	11,000

야 한다. 순자산과 비교해볼 때 과다한 부채를 보유했다면, 실직 등으로 인해 현금유입이 단절되었을 경우 신용상의 문제가 발생하게 되고 재무목표도 달성하기가 어렵다.

다음은 효율적인 부채 관리를 위해 확인해야 할 사항들이다.

- 대출의 목적이 주택구입·전세자금이라면 소득공제를 살펴보았는가.
- 대출의 목적이 투자수익을 위한 것이라면 대출이자 대비 실제 수익

률을 검토했는가.

- 대출기간과 상환방식은 현금의 유입(소득원)과 적절하게 부합하는가.
- 부채의 규모가 소득원과 대비하여 적절한가.
- 예·적금의 이자와 대출상환에 따른 이자비용을 감안한 대출인가.
- 주거래은행을 적절하게 활용하고 있는가. (주거래은행과 멀어지고 있 나면 부채 적정성 평가에 적신호가 들어온다.)

자산과 부채를 정리하면 순자산(자기자본)을 파악할 수 있다. 일정한 기간을 정해놓고(예컨대 지금 시작하여 6개월에 한 번) 시간의 흐름에 따라 순자산의 증감을 비교해 보자. 재무목표 달성을 위해 얼마나 노력하고 있는지 스스로 성적표를 만들어 볼 수 있다.

개인현금흐름표 만들기

개인 자산부채현황표를 분석하면 순자산의 변화를 파악할 수 있다. 순자산이 변한 상황을 점검하기 위해서 현금흐름표를 작성하는 것이 다. 현금흐름표의 포인트는 자산관리를 통해 현금을 창출하여 재무목 표를 효율적으로 달성하는 데 있다.

개인 현금흐름표는 현금의 유입과 유출로 구분할 수 있다. 현금을 사 용했거나 자산의 구성 요소에 투자했을 경우는 현금의 유출로, 소득의 원천이 새롭게 생겨났을 때는 현금의 유입으로 나타낸다. 현금유입에 의한 현금 흐름과 긍정적 유출이라 할 수 있는 생산적 저축 및 생산적 투자는 유익하다. 현금유입이 클 때 생산적인 투자와 저축을 늘려 미래

〈표 17〉 현금흐름표의 구성

유입	유출
이자	소모적 지출
배당	생산적 지출
부동산 임대	소모적 저축
사업소득	생산적 저축
근로소득	소모적 투자
(연금소득)	생산적 투자
기타 소득	

의 재무 이벤트에 대비해야 한다.

〈표 17〉과 같이 현금흐름표의 왼쪽은 소득원을 표시하여 현금의 유입을 나타낸다. 소득원이 여러 곳이라면 한 곳일 때보다 안정적인 재무상태를 유지할 수 있다. 오른쪽은 현금의 유출을 나타낸다. 유출은 (이 책에서 강조해왔듯이) 생산적인 것과 소모적인 것으로 구분해야 한다.

현금흐름표의 유입과 유출은 반드시 일치해야 한다. 개인의 재무상황이 개선될수록 현금흐름표의 유입과 유출은 일치하게 된다.

지출결의서와 돈을 다루는 훈련

지출결의서는 예산을 세워서 생활함으로써 돈을 다루는 훈련을 하는 것이다. 지출결의서는 수입을 기초로 하는 지출에 대한 세부 계획서를 말하는 것으로 현금의 유입과 유출의 균형을 맞춰 일치시키기 위해 작성한다. 지출결의서를 분석하면 개인의 지출성향을 파악할 수 있다. 이는 개인의 투자성향에 대한 분석만큼 중요하다.

재무목표를 달성하기 위해 재무설계안을 실행(금융상품 결정·가입)한다는 것은 곧 지출결의가 필요하다는 것을 의미한다. 성공적인 지출결의서를 작성했다면 재무설계 실행을 통해 재무목표를 달성할 수 있다.

구체적인 지출결의서를 작성하면 현금의 유입과 유출을 미리 예상할 수 있고, 소모적인 지출·저축·투자를 통제할 수 있다. 규모가 큰 지출에 대한 계획과 효율적 실행도 가능하다. 이를 통해 부채를 줄일 수 있고 돈이 없어 당황하는 일을 막을 수 있다. 지출결의서의 작성은 재무목표의 실현을 위한 가장 효율적인 과정이라고 할 수 있다

그러면 구체적으로 지출결의서를 작성하는 방법을 살펴보자.

첫째, 재무목표를 설정한다. 라이프사이클을 그려 초단기(1년 미만), 단기(3년 미만), 중기(10년 미만), 장기(통상 10년 이상)로 나누어 설정하는 것이 효과적이다.

둘째, 목표에 따른 필요 자금을 설정한다.

셋째, 기대되는 모든 종류의 현금유입 수단을 나열한다. 장기로 갈수록 자칫 현실과 혼동하여 추상적인 수치를 쓰기 쉬우므로 주의해야 한다.

넷째, 현재의 모든 지출을 나열한다. 현금흐름표를 이용하는 것이 가장 효과적이며, 이미 작성하고 있는 가계부나 지출 기록 등이 있다면 모두 이용한다.

다섯째, 유출을 분석한다. 생산적 저축과 소모적 저축으로 나누어 저축량을 파악하고, 투자도 생산적 투자와 소모적 투자로 나누어 확인한다. 자산 형성을 위한 유출인 생산적 투자와 생산적 저축은 긍정적 유출로 분류한다.

지출내용의 파악

(1) 고정지출 10가지

세금(소득세, 주민세, 자동차세, 재산세 등)

공적연금(국민연금과 퇴직연금)

의료보험금

고용보험금

장기대출 이자비용 및 모기지 상환금

공교육비

부모 혹은 자녀에게 일정하게 송금되는 비용

외식을 제외한 식료품비

의류, 신발 구입비

의료비

(2) 변동지출 5가지

외식비

사교육비

교양 및 문화생활비

레저 및 오락비

교통 · 통신비

　

여섯째, 소득 대비 지출을 비교 · 검토하여 재무목표 달성의 가능성을 판단해본다. 소득 대비 지출의 규모가 크다면 고정지출의 항목이 정확한지, 고정지출이 과도하지 않은지 확인한다. 집중된 지출 항목이 있다면 이를 조정하여 변동지출을 줄일 수 있는 방안을 검토한다. 조정이 어렵다면 통계청 〈가계 동향〉 조사 자료를 통해 기준을 마련하고 평균점을 맞춰간다. 또한 다른 소득원(현금의 유입)을 만들기 위한 투자를 고려해야 한다. 부채가 있다면 금리가 낮은 대출로 전환하거나 대출을 통합하는 방안을 검토한다.

일곱째, 지출결의서를 작성한다. 지출결의서의 항목은 생산적 저축, 생산적 투자, 고정지출, 변동지출, 생산적 지출이다.

여덟째, 지출결의서를 작성한 대로 실행하고 기록한다.

아홉째, 주기적으로 관리한다. 소득과 지출의 격차, 소모적인 저축·투자·지출은 없었는지 확인한다.

지출결의서는 실질적으로 활용하다 보면 재무설계에 매우 유용한 도구라는 걸 알게 될 것이다. 지출결의서 작성을 재무목표 실현을 위한 중요한 단계로 인식하고 습관화하는 것이 필요하다. 지출결의서 작성은 자녀의 금융교육을 비롯하여 가족공동체가 함께 재무목표 달성을 위해 시스템화하는 것이 중요하다.

부채상환의 7가지 기술

부채상환을 잘하는 것도 기술이다. 먼저 알아두어야 할 것은 부채는 소득의 최대 35%를 넘지 않아야 한다는 점이다. 월 500만 원 급여 생활자의 경우 부채가 월 175만 원을 넘지 말아야 한다는 것이다. 이를 염두에 두고, 현명한 부채상환을 위해 다음 7가지를 체크해보자.

첫째, 빚 청산의 우선순위를 정해야 한다. 소득에 비해 대출 규모가 적정한지 따져본 후 빚을 갚을 우선순위를 정한다. 기본적으로 이자율이 높은 빚부터 청산해 나가도록 한다. 신용카드로 빌리는 카드론이 대표적이다. 카드론은 이자율이 연 20%를 넘어서기 때문에 가장 먼저 청산해야 한다. 그다음은 카드대금 상환을 연기하면서 빌려 쓰게 되는 리볼빙과 현금서비스다. 리볼빙과 현금서비스는 쉽게 빌려 쓸 수 있는 만큼 이자율이 높고 신용등급을 조정하는 무시무시한 부채라는 사실을 인식해야 한다.

이후 금융권 순서대로 부채를 상환하는 것이 좋다. 상호저축은행이나 마을금고에서 빌린 돈이 있다면 일반 은행의 신용대출보다 우선순위를 높게 두고 상환하는 것이 좋다. 이후 은행권에서 빌린 신용대출과 부동산 담보대출이 순서가 된다.

하지만 빚 청산의 최우선순위는 연체가 된 금액이다. 연체는 금융생활에 지장을 주고 그에 따른 이자도 계속해서 커지기 때문에 연체금 청산을 최우선순위로 두고 하루라도 빨리 청산해야 한다.

요약하면, 소액대출부터 금액이 큰 순서로 갚고, 이자율이 높은 순서에서 낮은 순서로 우선순위를 정한다. 원금과 이자는 함께 갚아 나가는 것이 유리하다.

둘째, 유동성을 확보해두어야 한다. 3개월 이상의 비상자금을 확보하는 것이 좋다. 빚 갚는 데 수입의 상당 부분이 유출되다 보면 실직이나 비상 시 유동성 확보에 큰 어려움을 맞게 된다. 원활한 현금흐름을 감안해야 하는 것이다.

셋째, 무조건 갚기보다 투자 기회비용도 감안해야 한다. 덮어놓고 갚다 보면 좋은 투자기회를 놓칠 수도 있다. 부채상환도 현금유출의 적절한 포트폴리오 안에서 우선순위를 가지고 갚아 나가는 것이 중요하다.

넷째, 실질소득이 줄어 부채상환에 대한 부담이 커질 때는 가지고 있는 금융상품 가운데 금리가 낮고 가장 최근에 가입한 금융상품을 위주로 해약하는 것이 바람직하다. 중도해약 시 불이익이 있는 금융상품은 가능한 유지하는 것이 낫지만, 납입을 중단해도 중단에 대한 손해가 없는 상품(자유적립식펀드, 의무납입 기간이 지난 변액보험 상품)은 납입을 중단하는 것도 무방하다.

다섯째, 대출받은 후에 해당 은행의 거래실적이 많고 부채가 더 이상 생기지 않았다면 대출이자 조회를 다시 해보는 것도 좋은 방법이다. 은행에 방문할 때마다 금리를 체크해보고 대출금리를 낮출 수 있는 방법에 대해 상담하는 것도 좋은 방법이다.

여섯째, 대출 상품을 갈아탈 때는 중도 상환수수료에 관해 반드시 문의하고 상담받아야 한다.

일곱째, 최대 부채기준을 초과하여 대출받고 있다면 비상자금과 단기 목적자금 이외에는 투자설계 및 은퇴설계는 재정적인 여유가 생겼을 때부터 실행한다.

재무설계의 실제 사례

한국에 재무설계 개념이 도입된 지 어느덧 10년 남짓 되었다. 정통 재무설계에 입각하여 행복하게 자산을 불리는 가정이 있는가 하면, '무늬만 재무설계'라고 할 정도로 앞뒤 우선순위가 뒤바뀌거나 헝클

어진 자산운용을 해가는 가정도 상당히 눈에 띈다. 후자에 해당하는 한 가정의 사례를 구체적으로 살펴보자. 필자가 약 1년 전에 재무설계 컨설팅을 진행했던 실제 사례다.

수도권 신도시에 거주하고 있는 권영호 씨(가명, 37세, 기업체 과장)와 김지원 씨(가명, 34세, 기업체 대리)는 맞벌이 부부로 슬하에 초등학교 1학년인 아들을 두고 있으며, 둘째 계획은 없다.

먼저 이 가정의 재무목표를 보면, 아들이 중학교에 입학하는 시점에 현재 27평 아파트에서 30평대 아파트로 주택을 확장하고 싶어 한다. 하나뿐인 아들은 장차 특목고를 거쳐, 이른바 SKY대(서울대, 연·고대)로 진학시키는 것이 목표이며, 아들이 결혼할 때 현재 화폐가치로 1억 원 정도를 지원해주고자 한다. 부부는 60세에 은퇴를 계획하고, 그 뒤로는 현재 화폐가치로 월 250만 원 수준의 노후생활을 목표로 하고 있다.

재무목표를 명확히, 구체적인 수치로 세웠다는 것은 매우 훌륭하다. 그런데 현재의 재무상태와 월 현금흐름을 보면 이러한 재무목표를 각 시점마다 이루어나가기가 힘들어 보인다.

먼저 재무상태를 분석해보자.

〈표 18〉의 재무상태표에서 보듯이, 이 가정의 순자산은 약 3억 원 정도로 1년 전 결혼 8년 만에 수도권 신도시에 27평형 아파트를 장만했고, 현재 아파트 담보 대출 2,500만 원을 3년 거치 이자납입 조건으로 안고 있다.

마이너스통장 부채 잔액 400만 원은 몇 개월째 이 정도 금액이 쌓여

자산		부채와 순자산	
현금과 현금등가물 계	620	부채 계	2,900
CMA	100	단기부채(마이너스통장)	400
예 · 적금	520	중장기부채(아파트 담보대출)	2,500
투자자산 계	3,000		
펀드	0	순자산 계	29,720
주식투자(직접)	1,000	순자산(사용자산 제외)	1,920
보장성보험 해약환급금	2,000		
은퇴자산 계	1,200		
연금저축(2계좌)	1,200		
사용자산 계	27,800		
APT	27,000		
자동차	800		
자산 합계	32,620	부채와 순자산 합계	32,620

있는데, 특별한 용도로 쓰인 것은 아니고 매월 생활하면서 누적된 생활부채다. 남편이 주식 직접투자를 약 1,000만 원 정도 하고 있으며, 보장성보험의 해약환급금이 약 2,000만 원 정도 된다.

이 가정의 재무상태를 보면 비효율적인 투자, 즉 소모적 투자의 전형을 볼 수가 있다. 먼저 예 · 적금 잔액을 보유하면서 마이너스통장으로 부채를 발생시키는 것은 바람직하지 않다. 이를테면 4%의 수신금리로 이자를 받으며 8%의 여신금리로 돈을 빌린다는 것은 앞뒤가 맞지 않다.

따라서 예 · 적금 잔고로 마이너스통장 대출을 상환하는 것이 바람직하며, 만약 예 · 적금에 중도해약 금리 패널티가 있다면, 예 · 적금 담보대출을 받아 마이너스대출을 상환하고 만기수령을 하는 것도 유효한 방법이다. 또 아파트 담보대출 2,500만 원은 주식 직접투자금 1,000만 원과 보장성보험 해약환급금 2,000만 원을 이용해 중도상환을 하는 것이 좋겠다.

상담을 통하여 확인된 결과 남편의 주식 직접투자는 거의 '묻지마 투자'에 가까운 투기성 투자였다. 장기적 자산운용 컨셉을 놓고 볼 때 이러한 투자는 바람직하지 않을 뿐더러 언젠가는 크게 낭패를 볼 소지가 크다. 또한 보장성보험 해약환급금 2,000만 원은 뒤의 현금흐름표 분석에서 설명하는 보험 리모델링 과정에서 생성된 자금으로 대출상환에 투입하는 것이 유효하다.

이번에는 매월 발생하는 현금흐름을 살펴보자. 세후소득으로 남편 권씨가 350만 원, 아내 김씨가 240만 원이며, 남편의 경우는 분기별로 약 100만 원씩 상여금이 발생된다. 월로 환산하면 월소득 623만 원으로 비교적 높은 소득의 가정이라고 볼 수 있다.

특징적인 것만 살펴보면, 저축이 월 소득액의 5% 정도로 매우 미미하고, 보장성보험료에 거품이 있으며, 변동성 지출에서는 교육비가 너무 과다하다. 또한 상여금은 부지불식간에 소모되고 있다.

월 소득액에 맞추어 지출구조를 짜긴 했으나, 일단 소모적 지출이 과다하고 분기별로 발생되는 상여금 관리가 잘못되다 보니 재무상태표에서 나타나듯이 마이너스통장에는 생활부채가 400만 원이나 쌓이는 악순환이 반복되고 있다.

따라서 이 가정은 월 현금흐름을 바로잡는 것이 비교적 명확하게 수립한 재무목표를 달성하는 데 관건이다.

먼저 '소모적 지출'을 '생산적 투자'로 전환할 수 있도록 구조조정 방안을 찾아보자. 보장성보험 항목을 살펴보면, 보험료 대비 사망보장이 미약하고 질병·상해에 관해서는 과다하게 중복보장이 되어 있는 상태이다. 따라서 보험 리모델링을 통해, 보다 충실한 보장을 확보하면서도 보험료는 35만 원으로 다이어트를 하여 월 30만 원의 생산적 투자 재원을 확보할 수가 있다. 물론 일부 보험을 해약을 하면서 그 동안 납입했던 원금을 다 돌려받지 못하는 손실은 있지만, 미래의 이익을 위해 현재의 손실을 선택하는 지혜로움이 수반되어야 한다.

그리고, 앞의 재무상태 점검에서 제안한 대로 부채를 상환함으로써 이자비용이 절감되고, 부부용돈을 일부 축소하여 두 항목에서 총 40

〈표 19-1〉 월 현금흐름표(수정 전)

(단위: 만원)

유입		유출	
소득 계	623	**저축과 투자 계**	35
남편 근로소득	350	CMA	0
남편 상여금(분기별 100만 원)	33	정기적금	10
부인 근로소득	240	연금저축	25
		고정지출 계	90
		보장성보험료	65
사립초등학교(월 환산) 50		대출이자	10
영어학원 35		재산세, 자동차세 등(월 환산)	15
수학학원 30		**변동지출 계**	465
논술학원 15		생활비	90
과학영재학원 20		교육비	190
피아노 20		효도비	20
플루트 20		통신비	15
합계 190		부부 품위유지비(용돈 등)	120
		문화·경조비	30
누수 지출	33	**유출 합계**	590
추가 저축 가능 금액	33	**실제 지출**	

〈표 19-2〉 월 현금흐름표(수정 후)

(단위: 만원)

유입		유출	
소득 계	623	**저축과 투자 계**	35
남편 근로소득	350	CMA	0
남편 상여금(분기별 100만 원)	33	정기적금	10
부인 근로소득	240	연금저축	25
		고정지출 계	50
		보장성보험료	35
사립초등학교(월 환산)	–	대출이자	0
영어학원	35	재산세, 자동차세 등(월 환산)	15
수학학원	30	**변동지출 계**	330
논술학원	–	생활비	90
과학영재학원	–	교육비	85
피아노	20	효도비	20
플루트	–	통신비	15
합계	85	부부 품위유지비(용돈 등)	90
		문화 · 경조비	30
유입 합계	623	**유출 합계**	415
추가 저축 가능 금액	208	실제 지출	

만 원을 생산적 투자 재원으로 추가 확보할 수가 있다.

가장 큰 문제는 교육비 항목이다. 〈표 19-1〉 현금흐름표에서 보듯이 교육비로 190만 원이나 지출되고 있다. 물론 하나밖에 없는 자녀의 소중함과 자녀 잘 되라고 뒷바라지하는 부모의 심정을 누가 뭐랄 수 있으랴. 하지만 여기서 냉정하게 짚어보자. 지금처럼 자녀에게 '올인' 했을 때 과연 가정의 재무적 미래가 어떻게 되겠는가. 약 7년 후에 30평대 아파트로 이사하는 것, 특목고와 대학에 진학했을 때의 교육비, 자녀 결혼지원금, 부부 은퇴자금 등등이 과연 현재의 소득대비 5% 정도의 저축으로 실현 가능할까.

같은 부모의 심정으로, 권씨 부부에게 진정한 자녀사랑을 위한 미래설계를 화두로 차근차근 상담해갔다. 결국 권씨 부부는 자녀를 사립 초등학교에서 일반 초등학교로 아이를 전학시키기로 결정했다. 또한 자녀교육에 '올인' 하는 대신 '선택과 집중' 전략으로 궤도를 전환하고 단계적으로 자녀의 자기계발을 하는 쪽으로 교육관을 재정립하며 교육비를 반으로 줄었다.

〈표 19-2〉에서 보듯, 이렇게 현금흐름 지출항목을 다이어트함으로써 총 208만 원의 생산적 재투자 재원을 확보할 수 있었다.

습관이라는 것이 참 무섭다. 특히 생활습관은 고치기가 쉽지 않다. 그러나, 재무설계를 통해 상담을 진행하다 보면, 많은 분들이 재무적 생활습관을 과감하게 개선하는 모습을 접하게 된다. 특히, 미래의 재무목표가 명확한 가정일수록 개선하고자 하는 의지가 더욱 강하게 나타난다.

이 가정의 현금흐름 조정 후의 포트폴리오는 다음과 같다.

설정한 재무목표에 따른 미래 필요자금을 먼저 계산한 후 매월 적립할 금액을 산출했다(실질물가상승률은 4%, 교육비 상승률은 8%, 투자수익률은 10%, 저축금리는 4%로 전제). 재무설계를 실행하는 데 있어서 중요한 것은 〈표 20〉에서와 같이 단기·중기·장기로 각각 나누되 이를 동시에 실행하는 것이다. 단기는 안정성과 유동성 확보를 위해 CMA 또는 상호저축은행 상품으로, 중기는 적립식펀드로, 장기는 비과세혜택을 극대화한 변액보험상품으로 포트폴리오를 꾸몄다. 주의해야 할 점은 재무목표를 달성하기 위해서는 향후 소득이 늘어남에 따라 각 항목별

기간	재무목표	필요시점	미래시점 필요자금	필요액 (매월)	투자실행액 (매월)	비고
장기	은퇴자금	23년 후	100,000	130	50	국민연금 감안, 현재가치 150만 원 / 매월 재원 확보, 60~85세 부부 공동 생활, 배우자 92세 단독 생활
	자녀 결혼자금	23년 후	25,000	25	30	현재 화폐가치 1억 원 지원
	자녀 대학자금	12년 후	14,500	55		현재가치 1,500만 원, 4년간 지원
중기	주택확장	5년 후	10,000	80	50	30평형 미래가치 3억 5천만 원 / 부족자금 1억 원 중 4천만 원 대출 실행시
	재투자 재원 (종자돈)				50	향후 투자기회 대응성 확보용
단기	가족사랑 여행자금				10	2~3년 적립 후 가족 해외여행
	비상예비자금				18	
합계					208	

투입금액을 계단식으로 상향조정해야 한다는 것이다.

그런데 이 포트폴리오를 차질 없이 실행하기 위해서는 재무적 생활 습관의 큰 개선이 요구된다. 고객이 결심한 현금흐름 조정(다이어트) 외에 분기별로 수령하는 상여금 소득에 대한 관리가 그것이다. 대부분의 가정에서 부정기적으로 발생되는 소득에 대한 관리가 대단히 부실한 것이 현실이다. 이를 위해 이 가정에 '댐 통장'의 개념을 도입했다. 즉, 생활비 통장과 투자용 통장 외에 별도의 통장을 만들고 이곳에 비상예비자금과 분기별로 수령하는 상여금을 적립하여 '댐'과 같은 기능을 할 수 있게 하는 것이다. 단, 이 댐 통장에 대한 관리는 엄격해야 한다. 그래야만 소모적 지출을 줄이고 생산적 투자로 이어질 수 있기 때문이다.

대신, 생산적 지출의 일환으로 '가족사랑 여행자금'을 적금 형태로 2~3년간 적립하여 해외여행을 갈 것을 제안하였다. 해외여행은 가족의 화목을 두텁게 할 수 있을 뿐 아니라, 초등학생 자녀는 물론 부모에게도 좋은 경험과 자극을 줄 수 있기 때문이다. 또한 자칫 딱딱할 수도 있는 생활에 긍정적인 에너지로 작용할 수 있다.

1년이 지난 최근 권씨 가족을 다시 만났다. 지난 1년간 실행해온 경과에 대해 모니터링을 하였는데, 큰 변화를 엿볼 수 있었다. 투자금의 축적도 있지만 가장 큰 변화는 전보다 훨씬 의욕적이고 희망에 차 있다는 점이었다.

우리는 눈앞에 직면한 현실 앞에서 우왕좌왕하는 경우가 많다. 이제는 정통 재무설계를 통해 중심을 잡자. 그 요령을 마지막으로 정리해보면 다음과 같다.

첫째, 재무목표를 이루기 위한 시점별 필요자금은 얼마인지 산출해보자.

둘째, 단기·중기·장기 재무목표를 명확히 정하되 구체적인 수치를 부여하자.

셋째, 현재 쌓아놓은 재산이 얼마인지 효율적으로 배분은 되어 있는지 정확히 파악하자.

넷째, 월 기준의 현금흐름을 분석하고 누수되는 지출과 잉여 저축여력을 파악하자.

다섯째, 현재 실행 중인 포트폴리오의 적정성을 점검하고 보완 수정하자.

여섯째, 정기적으로 앞의 단계들을 점검하고 보완, 수정하자.

물론 이러한 과정을 각 개인이 실행하기는 쉽지 않을 수도 있다. 그래도 스스로 연구하고 학습을 꾸준히 하면 어렵지만은 않다. 만일 처음이라 어렵게 느껴진다면 실력과 진정성을 갖춘 재무전문가로부터 조언을 받는 것도 유효한 방법이다.

03

실전! 스타일 재무설계

스타일 재무설계의 기본 프로세스

　자산과 부채현황, 현금흐름표를 바탕으로 먼저 부채를 상환하고 비상자금을 마련한 이후에 본격적인 스타일 재무설계에 돌입한다. 공격적인 금융상품, 안정적인 금융상품, 투자의 포트폴리오를 구성하는 것이다.

　수입을 100으로 놓았을 때, 생활비는 30 정도로 하고 나머지 70은 미래를 위해 투자하도록 하자. 일반적인 재무설계와는 달리, 스타일 재무설계에는 자신의 현재 업(業), 두 번째 업을 위한 취미생활, 책을 사보고 전문가를 만나는 등 자기계발에 투자하는 생산적인 지출까지 포함되므로 수입의 최소 70%는 포트폴리오로 활용해야 한다.

다음으로 '90-나이의 법칙'을 생각한다. '90-나이의 법칙'은 90에서 자신의 나이를 뺀 수치만큼의 비율로 공격적인 상품에 투자하고 나머지는 안정적인 상품에 투자해야 한다는 법칙이다. 즉 젊었을 때는 보다 공격적인 상품에, 나이가 들면 보다 안정적인 상품에 투자하는 것인데, 이는 나이가 들수록 리스크를 줄여야 하기 때문이다.

스타일 재무설계에서 말하는 세 가지 상품군 중 가장 공격적인 상품에서 가장 안정적인 상품의 순위는 지금까지 정리된 바와 같이 생산적 지출, 생산적 투자, 생산적 저축의 순이다. 특히 생산적 지출은 삶을 풍요롭게 하고 젊은 때일수록 자신의 업에 충실해야 하므로, 투자의 1순위로 배정하였다.

생산적 지출이 있기 때문에 스타일 재무설계는 기존의 재무설계와 달리 현재의 자산이나 현금흐름에 고착되거나 안주하지 않고, 경제적인 면에서나 삶의 질적인 측면에 있어서 더 높은 차원으로 올라가게 될 길을 열어줄 수 있다.

포트폴리오를 구성하는 순서는 다음과 같다.

1단계 | 생활비를 제외하고 남은 돈, 즉 생산적으로 활용될 여유자금을 전체로 생각한다.

2단계 | 그 여유자금에서 생산적 지출에 '90-나이의 법칙'을 이용해서 먼저 투자를 한다.

3단계 | 생산적 지출에 사용되고 남은 돈, 즉 금융상품에 투자될 돈을 전체로 생각한다.

4단계　금융상품에 투자될 돈을 '90-나이의 법칙'을 이용해서 공격적인 상품과 안정적인 상품, 즉 생산적 투자와 생산적 저축의 비중을 결정한다.

이것을 실제 금액을 이용해서 예를 들면 다음과 같다. 자신이 35세인데, 한 달에 300만 원을 번다고 했을 때, 계산을 간단하게 하기 위해서 생활비를 제외하고 남은 돈, 즉 현금흐름상에서 여유자금을 200만 원이라고 하자.

- 200만 원을 전체로 놓고 본다.
- '90-나이의 법칙'을 이용하면 200만 원의 55%를 생산적 지출로 활용한다. 200만 원의 55%는 110만 원이다.
- 생산적 지출에 사용되고 남은 90만 원을 금융상품에 투자할 전체의 돈으로 생각한다.
- '90-나이의 법칙'을 똑같이 적용하면 90만 원의 55%(약 50만 원)는 공격적인 금융상품, 즉 생산적 투자에 활용하고, 나머지 45%(약 40만 원)는 안정적인 금융상품, 즉 생산적 저축에 활용한다.

이것이 가장 기본적인 스타일 재무설계의 포트폴리오 구성 방법이다. 그렇다면 이제부터 스타일별로, 나이대별로 어떻게 구성해야 하는지 살펴보자.

자신이 지출 스타일이라면 연령대별로 다음과 같이 포트폴리오를 구성할 수 있을 것이다. 세 가지 스타일별로 달라지는 것은 '90-나이의 법칙'에서 상수에 해당하는 90이라는 숫자이다. 스타일 재무설계 프로세스에 있어서 자신의 스타일에 따라 90이라는 상수를 어떻게 조정하느냐가 중요하다.

생산적 지출을 보다 중요하게 생각하는 사람은 2단계 생산적 지출의 비율을 정할 때 90이라는 상수를 100이나 110으로 더 크게 만들어야 한다. 반대로 생산적 지출을 덜 중요하게 생각하는 사람은 90이라는 숫자를 80이나 70정도로 줄여야 할 것이다.

또한 생산적 투자와 생산적 저축의 비중에 있어서도 마찬가지다. 생산적 투자를 중요하게 생각하는 사람은 3단계 생산적 투자 및 저축의 비율을 정할 때 90이라는 상수를 더 늘려야 하고, 반대인 사람은 90이라는 상수를 줄여야 한다.

정리하면, 2단계 생산적 지출의 비율을 정할 때의 상수와 4단계 생산적 투자 및 저축의 비율을 정할 때의 상수를 정해야 한다. 각각 100, 100으로 정할 수도 있고 각각 90, 90으로 정할 수도 있고 각각 100, 90 혹은 110, 90으로 정할 수도 있다. 이 상수는 물론 개인에 따라 융통성 있게 바꿀 수 있다. 스타일 재무설계가 가장 중요하게 생각하는 것은 자신의 스타일에 따라 재무설계를 한다는 것, 생산적 지출을 생각해야 한다는 기본 프레임을 바탕으로 만 명이면 만 명 모두가 자신만의 재무설계를 스스로 해야 한다는 것이다.

지금까지 살펴본 스타일 재무설계의 프레임을 바탕으로 이제 35세, 45세, 55세로 연령대별로 나누어 살펴볼 것이다. 만약 스타일 재무설계를 통해서 자신에게 충분히 투자한 사람이라면 급여 수준이 점점 상승하는 것이 정상일 것이다. 현금흐름표에서 여유자금은 각기 현재가치 기준으로 200만 원, 400만 원, 600만 원으로 놓고 설계해볼 것이다. 물론 개인적인 생각으로는 이보다 더 가파른 속도로 상승할 것이라고 생각하지만 일단 보수적으로 산정해보았다.

30대를 위한 스타일 재무설계

30대의 재무설계에서 먼저 고려해야 할 점은 대학(원) 수업료 등으로 발생한 부채가 있다면 이를 우선하여 상환하고, 비상자금을 마련하여 생활의 안정을 찾는 것이다. 스타일 재무설계는 그 이후에 시작하는 것이다. 또한 무리하게 집을 구입하여 현금흐름을 경직화해서는 안 될 것이다.

30대에 생산적 지출에 들어가는 자금을 '금융상품에 투입해야 할 돈을 비용으로 쓴다'고 생각해서는 곤란하다. 인생의 봄인 30대에 가을인 50대 이후를 위하여 미리 씨앗을 뿌리는 것이다. 미래를 위하여 투자하는 것이므로 어차피 빠져나갈 고정지출로 생각하는 것이 좋다.

그럼에도 불구하고 당장 자산을 마련하는 것이 중요하다고 생각하는 사람은 스타일 재무설계의 프로세스에서 2단계와 4단계의 순서를 바꾸어도 좋다. 공격적인 상품과 안정적인 금융상품의 포트폴리오를 구성하고, 남는 돈으로 생산적 지출과 생산적 저축 혹은 생산적 지출과 생산적 투자의 포트폴리오를 구성하는 것이다.

가장 중요한 것은 창의성을 발휘하는 것이지만 노후를 위해서 현재의 자기 자신에게 투자하는 것을 간과해서는 안 된다는 것을 강조하고 싶다. 생산적 지출이라는 부분이 있기 때문에 스타일 재무설계에서는 소득의 30%를 생활비로 쓰고, 70%를 가지고 포트폴리오로 구성하라는 것이다.

200만 원의 포트폴리오 자금에 대해서 2단계와 4단계의 상수를 90으로만 고정하지 말고 각각 100과 90, 90과 90, 80과 90으로 나누어 생각해보자.

첫째, 2단계와 4단계의 상수를 각각 100과 90으로 놓으면, 생산적 지출은 '100－나이의 법칙'에 따라 200만 원의 65%인 130만 원이 되며, 생산적 투자 및 저축은 남은 70만 원을 '90－나이의 법칙'에 따라 각각 70만 원의 55%인 38만 5천 원, 70만 원의 45%인 31만 5천 원이 된다.

1) 상수 100과 90

35세	생산적 지출	생산적 투자	생산적 저축
금액 포트폴리오	130만 원	38.5만 원	31.5만 원

둘째, 상수를 모두 90으로 놓으면, 생산적 지출은 '90－나이의 법칙'에 따라 200만 원의 55%인 110만 원이 되며, 생산적 투자 및 저축은 남은 90만 원을 '90－나이의 법칙'에 따라 각각 90만 원의 55%인 49만 5천 원, 90만 원의 45%인 40만 5천 원이 된다.

2) 상수 90과 90

35세	생산적 지출	생산적 투자	생산적 저축
금액 포트폴리오	110만 원	49.5만 원	40.5만 원

셋째, 2단계와 4단계의 상수를 각각 80과 90으로 놓으면, 생산적 지출은 '80-나이의 법칙'에 따라 200만 원의 45%인 90만 원이 되며, 생산적 투자 및 저축은 남은 110만 원을 '90-나이의 법칙'에 따라 각각 110만 원의 55%인 60만 5천 원, 110만 원의 45%인 49만 5천 원이 된다.

3) 상수 80과 90

35세	생산적 지출	생산적 투자	생산적 저축
금액 포트폴리오	90만 원	60.5만 원	49.5만 원

나이대별로 관심을 가질 만한 상품을 정리해보면 다음과 같다. 생산적 지출 상품은 아주 개인화된 부분이므로, 일반적인 사항들을 적었다. 전문분야인 생산적 저축상품과 생산적 투자상품을 참고로 살펴보기 바란다.

다음은 30대(20대 포함)를 위한 스타일 재무설계 상품 제안이다.

- 생산적 지출 | 각종 자격증 도전, 대학원 진학, 영어 및 제2외국어 마스터, 직업과 관련된 동호회 활동, 업과 관련된 전문 분야 서적 구입 등이 있다.
- 생산적 저축 | 결혼 일정이 얼마 남지 않았거나 초단기 재무 이벤트가

준비된 사람이라면 그 목적을 위해 목돈 마련 통장에 저축하는 것이 지혜롭다. 상호저축은행의 적금, 원금보장형 ELS, 채권형펀드 등을 추천한다. 주택자금을 한꺼번에 마련하여 집을 사는 사람은 극히 드물다. 즉, 대출이 필요할 수 있기 때문에 주거래은행에 대한 관리와 신용관리가 필요하며, 1년 이내 목적자금이 아니라면 생산적 투자의 방법인 장기 적립식투자를 통해 손실위험을 최소화하고 코스트 애버리지 효과를 극대화하는 것이 바람직하다. 30대는 인생의 장기적인 로드맵을 위해 보험상품을 준비해야 하는 시기이다. 나이가 어리고 건강할 때 보장성보험료는 가장 저렴하다. 보험상품 선택의 메커니즘을 통해 올바른 보험상품을 선택한다. 생활비 관리와 비상예비자금 관리를 위한 CMA계좌 가입은 필수다.

- **생산적 투자** | 장기투자를 위한 복리효과를 노릴 만한 시간이 충분하다. 특히, 20대의 경우 투자상품으로 인한 리스크에서도 회복할 수 있는 시간적인 여유가 있기 때문에 결혼자금이나 주택자금 이외에 통장을 목적별로 쪼개서 결혼 및 결혼 이후 생활자금, 육아자금, 자녀교육자금, 노후자금 등으로 나눠 주식형펀드(혹은 주식혼합형펀드)에 적립식으로 투자를 하는 게 바람직하다. 30대가 되면 쪼개진 통장을 바탕으로 종잣돈을 마련해야 하는 본격 스타트 시기가 된다. 30대라 하더라도 장기투자에 대한 복리효과를 누릴만한 시간적 여유가 충분하기 때문에 명확한 재무목표를 바탕으로 '목표별로 통장을 나누어' 주식형펀드(내지는 주식혼합형펀드)에 적립식으로 투자하는 것이 바람직하다(주식 투입 비율은 70% 이상).

또한 누구에게나 찾아오는 은퇴 이후의 삶을 위하여 시간이 충분한 시기에 적은 금액으로 연금상품에 미리 투자하는 지혜를 발휘한다. 미리 준비하지 않으면 대책이 없다. 생명보험사에서 판매되고 있는 변액연금상품을 권한다. 10년 이후에는 보험차익(즉, 연금소득)에 대해 비과세되고, 장기투자를 통해 코스트 애버리지 효과를 기대할 수 있으며, 자금의 유동성 확보를 위해 입출금 기능이 있고, 한 개의 상품에 투자 위험도가 각기 다른 여러 개의 펀드를 변경하여 운용할 수 있어, 결론적으로 투자 위험을 최소화하면서 은퇴자금을 만들 수 있다.

40대를 위한 스타일 재무설계

40대의 재무설계에서 가장 중요한 것은 30대에 해둔 투자를 기반으로 자신의 몸값을 높이거나 또 하나의 직업을 바탕으로 수입을 급격히 늘려야 한다는 점이다. 육아, 교육 등과 같은 목적자금에 많은 돈이 소요되는 시기이므로, 자신에 대한 투자와 안정적인 자산 불리기의 균형을 찾는 것이 중요하다.

앞서 살펴본 30대를 위한 스타일 재무설계와 마찬가지로, 400만 원의 포트폴리오 자금에 대해서 2단계와 4단계의 상수를 각각 100과 90, 90과 90, 80과 90으로 나누어 보자.

첫째, 2단계와 4단계의 상수를 각각 100과 90으로 놓으면, 생산적 지출은 '100 –나이의 법칙' 에 따라 400만 원의 55%인 220만 원이 되

며, 생산적 투자 및 저축은 남은 180만 원을 '90-나이의 법칙'에 따라
각각 180만 원의 45%인 81만 원, 180만 원의 55%인 99만 원이 된다.

1) 100과 90

45세	생산적 지출	생산적 투자	생산적 저축
금액 포트폴리오	220만 원	81만 원	99만 원

　둘째, 상수를 모두 90으로 놓으면, 생산적 지출은 '90-나이의 법
칙'에 따라 400만 원의 45%인 180만 원이 되며, 생산적 투자 및 저축
은 남은 220만 원을 '90-나이의 법칙'에 따라 각각 220만 원의 45%
인 99만 원, 220만 원의 55%인 121만 원이 된다.

2) 90과 90

45세	생산적 지출	생산적 투자	생산적 저축
금액 포트폴리오	180만 원	99만 원	121만 원

　셋째, 2단계와 4단계의 상수를 각각 80과 90으로 놓으면, 생산적 지
출은 '80-나이의 법칙'에 따라 400만 원의 35%인 140만 원이 되며,
생산적 투자 및 저축은 남은 260만 원을 '90-나이의 법칙'에 따라 각
각 260만 원의 45%인 117만 원, 260만 원의 55%인 143만 원이 된다.

3) 상수 80과 90

45세	생산적 지출	생산적 투자	생산적 저축
금액 포트폴리오	140만 원	117만 원	143만 원

다음은 40대를 위한 스타일 재무설계 상품 제안이다.

- **생산적 지출** | 은퇴 이후 30년을 위한 전문성을 갖출 수 있는 각종 자격증 도전, 대학원 진학, 부부동반 세계여행, 취미 관련 동호회 활동, 건강 관련 동호회 활동, 서적 구입, 전문가 네트워크 구축 등이 있다.
- **생산적 저축** | 노후를 위한 재산 형성을 본격화하는 시기다. 생산적 저축과 투자를 위해 자산의 구성을 면밀히 검토해보는 것이 중요하다. 일단 나의 전체 자산 중 부동산의 비중이 높다면 빠른 시간 안에 금융 자산으로의 이전을 적극적으로 검토해야 한다. 또한 투자자산 중 공격적 투자자산과 안정적 투자자산의 비율을 분석해보고 어느 한 쪽에 일방적으로 편중되지 않도록 중립을 지켜야 할 시기다. 사회적으로 수입이 극대화되는 시기이기는 하나 자녀교육비와 생활비도 그만큼 들어가기 때문에 공격적 상품에 투자하다가 낭패를 본다면 리스크의 폭도 커지게 된다. 목돈이 들어가는 자녀교육비가 제대로 마련되어 있지 않은 보수적 성향이라면 채권형펀드 또는 상호저축은행의 적금에 매월 일정액을 적립한다.

반드시 우선순위로 설정해야 할 인생의 주요 이벤트가 아니라면 1년 이내의 재무목표는 무시하는 것이 좋다. 자녀교육비와 자신의 노후자금의 균형점을 찾아야 하는 시기이기 때문이다. 보험도 점검해야 하는 시기다. 은퇴 후의 의료보장은 충분히 되어 있는지(은퇴를 앞둔 시점에서는 건강보험이나 의료보장을 받을 수 있는 보험상품 가입이 현실적으로 불가능해진다), 가족을 위한 종신보험은 일반사망보장 위주로 충분하게 설계되어 있는지, 갑작스러운 위험에 대비한 생활보장 및 건강보험은 충분히 가입되어 있는지, 비상예비자금은 충분히 준비되어 있는지를 점검하고 만일 충분하지 않다면 당장 전문가를 만나야 한다.

- **생산적 투자** | 자신이 공격적 투자자인데 자녀를 위한 교육자금이 마련되지 않아 매월 일정액의 금액을 투자하기 원한다면 주식투입 비율을 50% 이내로 설정하여 주식형펀드에 투자하는 것을 권한다. 목돈이 있다면, CMA에 예치 후 주식혼합형펀드에 매월 적립식으로 투자하는 것을 권한다.

투자형 보험상품인 변액유니버설보험도 좋다. 투자와 보장을 만족할 수 있고 노후대비와 각종 재무 이벤트에 대비한 유동성 확보를 할 수 있다. 만약 20~30대 가입하여 장기적으로 투자해온 변액유니버설보험 상품이 있다면 주가 추이를 보고 저가 매수할 수 있는 주가 조정기에 추가 납입을 통해 저가 매입을 적극적으로 하는 방법도 매우 효과적이다.

노후준비가 완벽히 되어 있지 않다면 변액연금으로 종신형 연금 수령의 기틀을 마련해야 한다. 깊이 고민하지 않고 투자하고 싶다면 시장에 장기투자하는 방법인 인덱스펀드 상품을 적극 권한다.

50대를 위한 스타일 재무설계

50대의 재무설계에서 중요한 것은 본격적인 은퇴를 준비해야 한다는 점이다. 자식이나 다른 누군가에 의존할 것이 아니라 자신의 힘만으로 경제적인 독립을 이어나갈 수 있어야 한다. 그렇게 하기 위해서는 은퇴를 하더라도 지속할 수 있는 독보적인 전문성이 있어야 한다. 혹은 두 번째 인생을 살기 위한 또 다른 분야의 업을 미리 찾아둬야 한다. 최고의 은퇴준비는 자식이나 금융상품이 아니라 자신의 실력이라는 것을 알아야 한다. 이 시기에는 이미 확보된 경쟁력을 바탕으로 보다 안정적인 금융상품에 비중을 둔 포트폴리오를 구성해야 한다.

600만 원의 포트폴리오 자금에 대해서 2단계와 4단계의 상수를 각각 100과 90, 90과 90, 80과 90으로 나누어 보자.

첫째, 2단계와 4단계의 상수를 각각 100과 90으로 놓으면, 생산적 지출은 '100-나이의 법칙'에 따라 600만 원의 45%인 270만 원이 되며, 생산적 투자 및 저축은 남은 330만 원을 '90-나이의 법칙'에 따라 각각 330만 원의 35%인 115만 5천 원, 330만 원의 65%인 214만 5천 원이 된다.

1) 100과 90

55세	생산적 지출	생산적 투자	생산적 저축
금액 포트폴리오	270만 원	115.5만 원	214.5만 원

둘째, 상수를 모두 90으로 놓으면, 생산적 지출은 '90-나이의 법칙'에 따라 600만 원의 35%인 210만 원이 되며, 생산적 투자 및 저축은 남은 390만 원을 '90-나이의 법칙'에 따라 각각 390만 원의 35%인 136만 5천 원, 390만 원의 65%인 253만 5천 원이 된다.

2) 90과 90

55세	생산적 지출	생산적 투자	생산적 저축
금액 포트폴리오	210만 원	136.5만 원	253.5만 원

셋째, 2단계와 4단계의 상수를 각각 80과 90으로 놓으면, 생산적 지출은 '80-나이의 법칙'에 따라 600만 원의 25%인 150만 원이 되며, 생산적 투자 및 저축은 남은 450만 원을 '90-나이의 법칙'에 따라 각각 450만 원의 35%인 157만 5천 원, 450만 원의 65%인 292만 5천 원이 된다.

3) 80과 90

55세	생산적 지출	생산적 투자	생산적 저축
금액 포트폴리오	150만 원	157.5만 원	292.5만 원 ·

다음은 50~60대를 위한 스타일 재무설계 상품 제안이다.

- **생산적 지출** | 각종 자격증 도전, 방송통신대학이나 사이버대학 진학, 평생교육원 수강, 건강 관련 활동, 두 번째 직업 관련 컨설팅, 1인 기업, 독립 사업 관련 컨설팅 및 전문가 네트워크 구축 등이 있다.
- **생산적 저축** | 수입이 발생하는 마지막 시기다. 그동안 꾸준히 모아온 자산을 안정적으로 증식시키고, 재산을 보존하며, 자산의 이전을 고민해야 할 시기다. 의료비용이 증가하고 경제적인 은퇴가 발생하여 연금소득이 필요하게 될 시기이기도 하다. 자산이 형성된 사람이라면

증여와 상속에 관심을 갖게 되고, 자녀의 결혼비용을 위해 목돈마련 전략이 필요한 시기다.

따라서 이 시기에는 '재무 주치의' 한 명은 반드시 있어야 한다. 50대가 되면 건강을 위한 건강 주치의, 법률상담(증여·상속)을 위한 변호사와 세무사, 그리고 생산적인 돈 관리를 위한 재무 주치의가 필요하다. 저축을 위해 금융사를 돌아다니기보다는 나이에 맞는 주식투자 비율 조정과 보험상품 점검을 위해 전문가를 만나는 것이 생산적이다.

• 생산적 투자 | 남의 말만 믿고 투자하다가 큰 낭패를 보았을 경우 타격이 크다. 투자수익률보다 안정적인 상품으로 포트폴리오 한다. 주식형펀드 상품이 있다면 20% 이내로 줄이고 특판예금, 채권형펀드 및 원금보장이 되거나 원금보장을 추구하는 금융상품으로 가입한다.

이 시기에는 위험관리에 최우선적인 목적을 두는 것이 가장 생산적인 투자라 할 수 있다. 부동산 등을 팔아 현금이 생겼다면, 거액의 금융자산 운용 시 금융소득종합과세 대상자가 되지 않는지 살펴야 한다. 60대 이후 큰돈이 생겼다면 연금으로 예치해두고 용돈처럼 매달 타서 쓰는 즉시연금 가입을 권한다. 젊은 세대보다 자산 포트폴리오 점검을 더 자주해야 하는 시기임은 긴 설명이 필요치 않을 것이다.

지금까지 30대(청장년층), 40대(중년층), 50대(노년층)로 나누어 연령대별 스타일 재무설계를 살펴보았다. 스타일별로, 연령별로 자신만의 창의적인 스타일 재무설계를 하다 보면 어느새 자신의 좌표를 정확히 발견할 수 있을 것이다.

이 책은 어떤 정답을 제시하기 위해서 만들어진 것이 아니다. 매년 나이에 따라서, 자산의 정도에 따라서 상수를 달리할 수 있을 것이고, 한 해의 결심이나 목적자금에 따라서 프로세스 중 2단계와 4단계를 달리할 수 있을 것이다. 우선순위가 융통성 있게 바뀔 수 있다는 이야기다.

다만 이 책에서는 하나의 기준을 제시하고자 했고, 경제적인 삶에서 무엇이 가장 중요한가를 실질적인 정보를 토대로 알려주려고 노력했다. 사람이 각기 개성을 가진 살아 있는 유기체이듯이 재무설계도 그러해야 한다.

이제 정말 이 책의 마무리를 지어야 할 때가 왔다. 스타일 재무설계를 통해서 많은 사람들이 자유롭고 건강한 경제생활을 하기를 바란다. 독자 여러분들이 현재 상황에 좌절하거나 안주하지 말고 자신의 업을 바탕으로 먼 미래를 향해 성공의 길을 걷기를 진심으로 바란다.

근로소득자의 과세표준 및 세액계산[*]

● 근로소득세 계산

▶ 계산절차

연간 급여액
(-)비과세소득
총 급여액
(-)근로소득공제
근로소득금액
(-)각종 소득공제
과세표준
(×)세율
산출세액
(-)세액공제
결정세액
(-)기납부 세액
납부(환급)할 세액

▶ 근로소득공제

총급여액	공제금액
500만 원 이하	총 급여의 80%
500만 원 초과 ~ 1,500만 원 이하	400만 원 + 500만 원 초과 금액의 50%
1,500만 원 초과 ~ 3,000만 원 이하	900만 원 + 1,500만 원 초과 금액의 15%
3,000만 원 초과 ~ 4,500만 원 이하	1,125만 원 + 3,000만 원 초과 금액의 10%
4,500만 원 초과	1,275만 원 + 4,500만 원 초과 금액의 5%
일용 근로자	1일당 10만 원

▶ 세율

과세표준	세율	누진공제액
1,200만 원 이하	6%	–
1,200만 원 ~ 4,600만 원	15%	108만 원
4,600만 원 ~ 8,800만 원	24%	522만 원
8,800만 원 초과	35%	1,490만 원

---

*출처 : 국세청 발간 《2010 생활세금 시리즈》

● 각종 소득공제

▶ 인적공제

과세표준	공제요건 및 공제한도액
기본공제	• 생계를 같이하는 부양가족(본인 포함): 1인당 150만 원 　－ 직계존속: 60세 이상, 근로자의 배우자(연령제한 없음) 　－ 자녀·형제자매: 20세 이하, 60세 이상, 생계급여수급자(연령제한 없음)
추가공제	• 자녀양육비: 1인당 100만 원(6세 이하 영유아, 위탁아동) • 부녀자공제: 1인당 50만 원 • 장애인: 1인당 200만 원 • 경로우대: 1인당 100만 원(70세 이상인 경우에만) • 출산·입양공제: 1인당 200만 원
다자녀 추가공제	• 기본공제 대상 자녀가 2인일 때: 50만 원 • 기본공제 대상 자녀가 2인을 초과할 때: 3인 150만 원, 4인 250만 원, 5인 350만 원
연금보험료공제	• 국민연금 등 공적연금보험료: 전액

▶ 특별공제

과세표준	공제요건 및 공제한도액
보험료공제	• 국민건강보험료, 고용보험료, 노인장기요양보험료 전액 • 기타 보장성보험료: 연100만 원 한도 • 장애인전용 보장성보험료: 연100만 원 한도
의료비공제	• 기본공제 대상: 총 급여액의 3%를 초과하는 의료비 중 700만 원 한도(본인, 장애인, 　65세 이상자의 의료비는 한도액이 없음)
교육비공제	• 취학전 아동, 초·중·고등학생: 1인당 300만 원 한도 • 대학생: 1인당 900만 원 한도 • 장애인특수교육비: 전액 • 근로자 본인: 전액(대학원 포함)
주택자금공제	• 당해연도 공제대상 저축 불입액 및 원리금 상환액과 임차주택의 월세금액의 40% 　상당액과 장기주택저당차입금 이자상환액 1,000만 원 한도(상환기간 30년 이상인 　경우 1,500만 원 한도)
기부금공제	• 본인·배우자·직계비속이 지출한 기부금

▶ 기타 소득공제

과세표준	공제요건 및 공제한도액
연금저축 소득공제	• 2000년 12월 31일 이전 가입자: 개인연금저축 불입액의 40%(연 72만 원 한도) • 2001년 1월 1일 이후 가입자: 연금저축 불입액 전액(퇴직연금 불입액 포함 연 300만 원 한도)
신용카드사용 소득공제	• 신용카드로 사용한 금액의 합계액이 연간 총 급여액의 25%를 초과하는 경우 그 초과 금액의 20%(300만 원 한도) • 직불카드, 기명식선불카드의 경우, 사용한 금액의 합계액이 연간 총 급여액의 25%를 초과하는 경우 그 초과 금액의 25%(300만 원 한도)

나의 재무상태표

자산		부채와 순자산	
현금과 현금등가물 계		**부채 계**	
보통예금		마이너스통장	
CMA		신용대출	
정기예금		아파트 · 주택 담보대출	
자유저축		퇴직금 담보대출	
적금		학자금 대출	
기타		임대보증금	
		기타	
투자자산 계			
펀드1			
펀드2			
청약저축 · 예금			
장기주택마련저축 · 펀드 · 보험			
주식 직접투자			
기타			
은퇴자산 계		**순자산 계**	
연금저축		순자산(사용자산 제외)	
연금보험			
기타			
사용자산 계			
아파트 · 주택			
자동차			
기타			
자산 합계		**부채와 순자산 합계**	

나의 월 현금흐름표(수정 전)

유입		유출	
소득 계		**저축과 투자 계**	
남편 근로소득		CMA	
남편 상여금(월 환산)		정기예금 · 적금	
부인 근로소득		연금저축 · 보험	
부인 상여금(월 환산)		장기주택마련저축 · 펀드 · 보험	
		펀드	
		청약저축 · 예금	
		고정지출 계	
		보장성보험료	
		대출이자	
		재산세(월 환산)	
		자동차세(월 환산)	
		변동지출 계	
		생활비	
		교육비	
		통신비	
		문화 · 경조비	
		부부 품위유지비(용돈 등)	
		효도비	
누수 지출		**유출 합계**	
추가 저축 가능		**실제 지출**	

나의 월 현금흐름표(수정 후)

유입		유출	
소득 계		**저축과 투자 계**	
남편 근로소득		CMA	
남편 상여금(월 환산)		정기예금 · 적금	
부인 근로소득		연금저축 · 보험	
부인 상여금(월 환산)		장기주택마련저축 · 펀드 · 보험	
		펀드	
		청약저축 · 예금	
		고정지출 계	
		보장성보험료	
		대출이자	
		재산세(월 환산)	
		자동차세(월 환산)	
		변동지출 계	
		생활비	
		교육비	
		통신비	
		문화 · 경조비	
		부부 품위유지비(용돈 등)	
		효도비	
누수 지출		**유출 합계**	
추가 저축 가능		**실제 지출**	

206

나의 포트폴리오

(단위 : 만원)

기간	재무목표	필요시점	미래시점 필요자금	필요액 (매월)	투자실행액 (매월)	비고
장기	은퇴자금	년 후				
	자녀 결혼자금	년 후				
	자녀 대학자금	년 후				
중기	주택확장	년 후				
	재투자 재원 (종자돈)					
단기	비상예비자금					
	합계					

돈, 잘 쓰고 잘 모으고 잘 불리는 법

1판 1쇄 인쇄 | 2010년 9월 15일
1판 1쇄 발행 | 2010년 9월 27일

지은이 권도형
펴낸이 최준석

펴낸곳 한스컨텐츠(주)
주소 (우 121-842) 서울시 마포구 서교동 463-15 대신빌딩 2층
전화 02-322-7970 **팩스** 02-322-0058
출판신고번호 제313-2004-000096호 **신고일자** 2004년 4월 21일

ISBN 978-89-92008-40-2 13320